Jómsvíkinga Saga: (efter Cod. AM. 510, 4:to) Samt Jómsvíkinga Drápa

Carl Justus Fredrik af Petersens, Bjarni Kolbeinsson

BIBLIOLIFE

JÓMSVÍKINGA SAGA

(EFTER COD. AM. 510, 4:to)

SAMT

JÓMSVÍKINGA DRÁPA

UTGIFNA AF

CARL AF PETERSENS,

E. O. AMANUENS VID UNIVERSITETS-BIBLIOTEKET I LUND.

LUND 1879.

C. W. K. GLEERUP.

Förord.

Föreliggande lilla arbete åsyftar att lemna en texttrogen, men på samma gång beriktigad, upplaga af den redaktion af Jómsvíkinga saga, som finnes bevarad i Cod. AM. 510, 4:to. Denna sagoredaktion har nemligen af flere skäl synts mig förtjena att återgifvas i en med den moderna språk- och literatur-forskningens fordringar mera öfverensstämmande gestalt, än den, hvari texten framträder i den Adlerstam-Hammarskoldska upplagan af Jómsvíkinga saga, hvilken upplaga ju för öfrigt ej är grundad på ofvannämda membrancodex, utan blott på från den samma stammande, delvis temligen otillförlitliga, afskrifter.

Det hade varit min önskan att på samma gång äfven kunna till förnyad utgifning företaga den i AM. 291, 4:to föreliggande redaktionen af Jómsvíkinga saga, enär nämda handskrift, särskildt på grund af sin jemförelsevis höga ålder, torde vara värd att återgifvas med större noggrannhet, än hvad som hittills egt rum. Åtskilliga omständigheter ha emellertid nödsakat mig att för den närmaste tiden — måhända för alltid — afstå från denna plan.

Deremot ser jag mig i tillfälle att såsom bihang till Jómsvíkinga saga lemna ett diplomatariskt aftryck af Biskop Bjarni's bekanta Jómsvíkinga drápa, åtföljdt af en, så vidt det stått i min förmåga, restituerad text, vid hvars redigerande jag sökt göra mig till godo de bidrag

a

till dråpans textkritik, hvilka af flere lärde (företrädesvis Egilsson) blifvit lemnade, sedan dråpan utgafs i Fornmanna sögur XI, hvars text för öfrigt innehåller åtskilliga så väl oriktiga läsarter som fel och oegentligheter med afseende på den kritiska behandlingen. Genom godhetsfull bemedling af min vördade förman, Univ. bibliotekarien D:r E. W. BERLING samt Univ. bibliotekarien, Professorn D:r P. G. THORSEN i Köpenhamn har det medgifvits mig att å härvarande Universitetsbibliotek få begagna flere för mitt arbetes fortgång oumbärliga, Arne-Magnæanska samlingen tillhörande, handskrifter. För denna mig visade välvilja anhåller jag att härmed få uttrycka min stora tacksamhet.

Äfven är det mig en kär pligt att uttala en hjertlig tacksägelse dels till D:r G. VIGFUSSON i Oxford, som med afseende på behandlingen af Jómsvíkinga drápa lemnat mig flere goda anvisningar samt meddelat mig ett par under hans namn anförda forslag till textens förbättring, — dels till Docenten D.r G. CEDERSCHIÖLD härstädes, som under hela den tid, mitt arbete pågått, med outtröttlig välvilja ur sin på textbehandlingens område rika erfarenhet lemnat mig värdefulla råd och upplysningar.

I.

Berättelsen om Jomsvikingarne föreligger som bekant i åtskilliga mer eller mindre vidlyftiga bearbetningar. Således ega vi den fullständiga Jomsvikingasagan i flere särskilda, om ock med hvarandra nära beslägtade och från ett gemensamt original stammande, redaktioner (neml. i Cod. Holm. membr. 7, 4:to [1], i Cod. AM. 291, 4:to [2], i Flateyjarbók [3], samt i Cod. AM. 510, 4:to [4], till hvilka man som en femte redaktion kan lägga Arngrim Jonssons latinska öfversättning af sagan [5], derest den samma, såsom flere skäl [6] antyda, är verkstäld från ett numera förloradt original); vidare återfinnas stycken af de i Jomsvikingasagan förekommande berättelserna i de olika sagorna om Olof Tryggvesson, (hos Odd Munk, samt i synnerhet i Fagrskinna, Heimskringla och den i Fornm. sögur I—III utgifna större Olofssagan); slutligen hafva vi i behåll delar af tvenne gamla dikter, som hafva till ämne Jomsvikingarnes tåg till Norge och slaget

---

[1] Efter denna handskrift är sagan utgifven — dock ej fullständigt — som "Sýnishorn" på Fornmanna sogur (Kphfn 1824), samt senare fullständigt af G. Cederschiold (Lund 1875).

[2] Utg. i Fms. XI, 2—155.

[3] I, 96—105, 153—203 i den tryckta texten (Kristiania 1859—68).

[4] På från denna membran stammande handskrifter grundar sig L. Hammarskölds upplaga (Sthm 1815), jfr längre fram.

[5] Utg. af G. A. Gjessing (Kristianssand 1877).

[6] Jfr Gjessing, anf. arb. sidd. VII & XVII.

a*

i Hjörungavág, nemligen Biskop Bjarni's Jómsvíkinga
drápa och Einar Gilssons Búa drápa. Dess utom omtalas
Jomsvikingarne och med deras uppträdande förbundna
enstaka tilldragelser på åtskilliga andra ställen inom den
islandska fornliteraturen; äfven Saxo lemnar om dem flere
uppgifter, hvilka dock betydligt afvika från de isländska
fornskrifternas.

Frågan om de i dessa senare förekommande olika
framställningarnas ursprung och förhållande till hvarandra
är — åtminstone delvis — ganska invecklad [1]. De upplys-
ningar, Odd-Munk lemnar om Jomsvikingarne, aro tem-
ligen knapphändiga, och man kan derföre icke gora sig
någon tydlig föreställning om beskaffenheten af den källa,
hvarifrån de leda sitt ursprung; emellertid afviker Odds
framstallning i åtskilligt från de öfriga konungasagor-
nas. Att bland dessa senare Fagrskinna lemnar den
äldsta och ursprungligaste berättelsen, är väl numera all-
mänt erkändt. Att Heimkringlas författare som källor
för sin framställning om Jomsvikingarne använt dels
Fagrskinna, dels Jómsvíkinga saga, hvilkas berättelser han
sammanstält och kritiskt undersökt, är af Storm tydligen
uppvisadt [2]. Att vidare den större Olofssagans berät-
telse om Jomsvikingarne är en bearbetning af Heimkring-
las, i hvars text bearbetaren infogat ytterligare en del
stycken ur Jómsvíkinga saga samt ett par ur Jómsvík-
inga drápa hemtade uppgifter, är lätt att finna.

---

[1] I den följande inledande framställningen tages företrädesvis
hänsyn till de afdelningar i de resp. fornskrifterna, som motsvara
Jvs's senare afdelning (= Jomsvikingarnes historia: Fms. XI,
43—162 och motsvarande i de öfriga texterna), enar blott denna
afdelning återfinnes i den har till bearbetning foretagna redak-
tionen, och dess utom förhållandet mellan de olika urkundernas
berattelser rorande de tilldragelser, som omtalas i Jvs.'s "fyrri
þáttr" måhanda bora skärskådas ur andra synpunkter, an som
ifrågakomma vid betraktelsen af den senare afdelningen.

[2] Snorre Sturlassons Historieskrivning (Kbhvn 1873), sid.
139 f.

Hvad förhållande som bör antagas ega rum mellan Fagrskinna och Jómsv. saga, är svårare att fullkomligt utreda. Att dessa begge berättelser äro med hvarandra beslägtade, är temligen tydligt, då de ju båda åberopa sig på samme namngifne Isländingar och äfven i mycket med hvarandra öfverensstämma. Men många afvikelser dem emellan, särskildt i detaljuppgifter, förekomma också; då härvid än Fgsk, än Jvs. tyckes hafva rätten på sin sida [1], så torde den rimligaste förklaringen vara den, som Maurer [2] lemnar, att nemligen så väl Fgsk.'s som Jvs.'s berättelse om Jomsvikingarne härflyter ur en och samma källa [3], från hvilken än den ena, än den andra afviker [4]. Att emellertid den historiska sanningen i vig-

---

[1] Jfr härom Maurer, Ueber die Ausdrucke: altnordische, altnorwegische und islandische Sprache (München 1867) sid. 109 f.

[2] Anf. arb. sid. 112.

[3] Keyser på flere ställen (Norges Hist. I, 280; Efterl. Skr. I, 422) uttalade åsigt, att tvenne skilda källor (neml en isländsk tradition och en norsk) skulle ligga till grund for Jvs.'s och Fgsk.'s resp. berättelser, synes mindre rimlig; afvikelserna de båda texterna emellan aro icke nog stora for att gora ett dylikt antagande nodvändigt, och hvarfore skulle Fgsk 's forfattare hafva omnämt, att Islandingar deltagit i slaget i Hjorungavåg och fortplantat berattelsen derom, derest han icke tagit hansyn till denna berättelse?

[4] Harvid måste man väl antingen fatta saken så, att denna gemensamma källa varit en äldre konungasaga (= Ares?), hvars berättelse om Jomsvikingarne å ena sidan upptagits af Fagrskinnas forfattare, å andra sidan bildat den karna, kring hvilken Jómssagas ofriga delar sedan grupperat sig, — eller ock skulle man kunna tänka sig, att Jómsvikingasaga — naturligtvis i en aldre form än den, hvari vi kanna henne — redan forelegat forfattaren af Fgsk., som derur hemtat en del uppgifter, under det att han måhanda från andra, for oss obekanta, kallor upptagit åtskilligt, som ej ofverensstammer med de till vår tid bevarade redaktionerna af Jómsv. saga.

Det antagandet, att den for Fgsk. och Jvs. gemensamma källan varit blott och bart en muntlig tradition, torde deremot vara ohållbart, enar alla omstandigheter tyda derpå, att Jomsvikingarnes historia redan ganska tidigt varit foremål for skriftlig behandling.

tigare frågor snarare är att söka i Fgsk. än i Jvs., har
af historieforskarne blifvit tydligen lagdt i dagen [1].

Emellertid torde det vara så godt som omöjligt att
med full bestämdhet yttra något rörande förhållandet
mellan Fgsk. och Jvs., och detta hufvudsakligen på den
grund, att ingen af de till vår tid bevarade redaktionerna
af sagan är egnad att gifva en tydlig föreställning om
hennes äldsta gestalt; ty att en äldre redaktion föregått
de af oss kända, synes ju vid en blick på dessa otvif-
velaktigt. Snarast skulle man väl vara böjd att fatta
den i Cod. Holm. bevarade, i jemförelsevis god sagostil
hållna, redaktionen som en representant af den ursprung-
liga Jomsvikingasagan; men genom sitt mycket hopträngda
framställningssätt gör denna text närmast intrycket af
att hafva uppkommit genom förkortning af ett vidlyftigare
original. De trenne öfriga isländska redaktionerna äro
deremot alla i större eller mindre grad öfverarbetade, och
det är för den skull svårt att med säkerhet afgöra, hvad
som i dem ar ursprungligt eller ej. Arngrims latinska öf-
versättning är slutligen på grund af sin egenskap af öfver-
sättning — och, som det tyckes, en ganska mycket pa-
rafraserad sådan — föga egnad att gifva någon klar
föreställning om sagans ursprungliga gestalt, äfven om
denna öfversättnings original, såsom GJESSING [2] antager,
representerat sagan i en något äldre form än den, hvari
hon framträder i de öfriga redaktionerna.

Den omständigheten, att vi icke känna Jvs. i hennes
ursprungliga gestalt, försvårar icke blott undersökningen
af sagans förhållande till Fgsk., utan har äfven till följd,
att frågan om de olika redaktionernas förhållande till
hvarandra är ganska svår, måhända rent af omöjlig att
med säkerhet utreda, i synnerhet om man vid en pröf-
ning af detta förhållande vill söka genomföra undersök-
ningen i detalj och uppgöra något slags slägttafla öfver

---

[1] Jfr Munchs och Keysers granskning af denna fråga i deras
resp. arbeten ofver Norges historia.

[2] Anf. arb. sid. XVII.

frändskapen redaktionerna emellan [1]. Då det icke ingår
i planen för denna skrift att upptaga det nämda för-
hållandet till uttömmande undersökning, göras derom i
det följande blott ett par allmänna anmärkningar i sam-
manhang med undersökningen af den literaturhistoriska
ställning, som tillkommer den här till utgifning företagna
redaktionen.

Redan vid en flyktig jemförelse mellan de fyra isländ-
ska redaktionerna finner man, att AM. 291 och Flatey-
jarbók stå hvarandra ganska nära. Långa stycken i dem
ofverensstämma nästan ord för ord, och hvad som i olika
redaktioner af samma urtext mest plägar omvexla — namn
på bipersoner, mindre vigtiga taluppgifter, oratio recta
och obliqua m. m. d. — är i dem båda jemförelsevis
temligen lika. De afvikelser, som finnas mellan dem, be-
stå hufvudsakligen i mellanmeningar, som stundom finnas
inskjutna i den ena, men ej i den andra, samt i smärre
episoder, såsom den för AM. 291 egendomliga versionen
af berättelsen om Saum-Æsa och den i Flat. förekom-
mande uppgiften om Sigmund Brestessons deltagande i
slaget i Hjörungavåg, episoder, som tydligen icke tillhört
sagan i hennes ursprungliga gestalt.

_____

[1] Det torde för öfrigt kunna starkt ifrågasättas, huru vida
de 4 membraner, utur hvilka vi kanna Jvs., kunna anses utgöra
ett tillräckligt säkert underlag för en sådan undersökning. Den
omständigheten, att dessa hdss. å ena sidan med afseende på
faktiska uppgifter och framställningens gång så mycket med hvar-
andra ofverensstämma, att man måste anse dem alla ytterst stamma
från ett gemensamt original, men å andra sidan i enskilda ord
och vandringar förete stora skiljaktigheter, tyder derpå, att Jvs.
i forntiden varit föremål för ett ofta upprepadt afskrifvande. Då
man nu vet, med hvilken frihet de gamle afskrifvarne gingo till
väga, och huru som det stundom var brukligt att vid texters af-
skrifvande begagna flere hdss. jemte hvarandra, hvilkas text lik-
som sammanstöptes, så synes det ganska möjligt, att i de yngre
af våra 4, till sina nedskrifningstider vidt skilda, membraner kun-
nat inkomma drag från till andra redd. horande hdss., om ock
dessa jemforelsevis frammande drag nu ej låta sig bestämdt
urskilja.

Närmast redaktionerna i AM. 291 och Flat. står obetingadt den kortfattade redaktionen i Cod. Holm Huru vida denna senare möjligen är något närmare beslägtad med den ena af de båda förut nämda, än med den andra, är svårt att afgöra, då dessa trenne texter till sitt faktiska innehåll äro sinsemellan så föga skiljaktiga. På de jemförelsevis få ställen, der AM. 291 och Flat. med afseende på sifferuppgifter från hvarandra afvika, öfverensstämmer Cod. Holm. visserligen nästan alltid med den förra, med hvilken den afven med afseende på enskilda uttryck företer långt flere likheter, än med Flat ; men häraf torde ingen säker slutsats kunna dragas, då dessa öfverenstämmelser ju kunna bero derpå, att skilnaden i ålder troligen är mindre mellan handskrifterna AM. 291 och Cod. Holm. än mellan den senare och Flateyjarbók.

Jemte originalet till Arngrims latinska ofversättning, som, enligt GJESSING, [1] sluter sig närmast till AM. 291, bilda de trenne nu omtalade redaktionerna så att säga en grupp för sig. Slägtskapsförhållandet dem emellan måste väl snarast anses bestå deruti, att de alla stamma från ett gemensamt original, som af Cod. Holm. återgifves i en mera hoptrångd, af de öfriga i en mera öfverarbetad gestalt.

Den i AM. 510 föreliggande redaktionen intar åter gent emot de öfriga en mera isolerad ställning, enär hon vid en jemförelse med dem företer åtskilliga afvikelser, hvilka dels beträffa *det behandlade ämnets omfång,* dels *de i berättelsen förekommande faktiska uppgifterna,* dels sjelfva *framställningssättet.*

Hvad olikheten med afseende på *ämnets omfång* beträffar, märka vi, att i AM. 510 endast omfattar den del af Jvs., som motsvarar de öfriga redaktionernas senare afdelning och innehåller berättelserna om Pálnatóki, Jomsborgs anläggning samt Jomsvikingarnes tåg till Norge. Den "fyrri þáttr", som förekommer i sagans andra redaktioner och behandlar de äldre Danakonungarnes historia, sak-

---

nas här alldeles [1]. Tänkbart är visserligen, att denna af-
delning blifvit af någon afskrifvare utesluten; men fullt
lika antagligt är väl, att den samma redan från början sak-
nats i denna redaktion [2], hvilken i så fall representerar
sagan i en gestalt, som med afseende på det behandlade
ämnets omfång måste anses som ursprungligare, än de öf-
riga redaktionerna. Den för dessa senare egendomliga
första afdelningen torde nemligen på grund af det lösa
sammanhang, hvari den står till sagans egentliga ämne,
icke kunna uppfattas annorlunda än som ett senare tillägg
till den ursprungliga sagan, [3] om ock detta tillägg skett i
en jemförelsevis aflägsen tid, eftersom det finnes redan i
den äldsta handskriften [4] af sagan.

---

[1] Den "första afdelning" (= "Upphaf Sogunar fra þeim Joms-
vikinga-Koppum"), som finnes i den Adlerstam-Hammarskoldska
upplagan af Jvs. (sidd. 1—24), står icke i handskriftlig forbin-
delse med den senare afdelningen i samma upplaga (= "Saugu (!)
af Jomsvikingum") och är for öfrigt blott en af J. F. Pering-
skiold († 1725) verkstäld kompilation af tvenne andra texter.
I Cod. Holm chart. 85 fol., efter hvilken ifrågavarande första
afdelning är tryckt, lemnas nemligen på titelbladet den upp-
lysning, att den i nämda handskrift innehålla texten ar "utaf
en gamal Pergamentz Book afskrefven, med tillägg af det som
utforligare finnes i K. Olof Tryggvasons Saga, som tryckt är."
Vid närmare undersokning befinnes denna gamla pergamentsbok
vara Cod. Holm membr. 7, 4 to, och den tryckta texten är den i
Skálholt 1689 tryckta upplagan af Olof Tryggvessons saga. Här-
med förfaller den af GJESSING (som ej känt till de i Stockholm be-
fintliga pappershdss. af Jvs.) framstalda hypotesen rörande den
Adlerstam-Hammarsköldska upplagans första afdelning (anf. arb.
sid. V f.).

[2] Detta antagande bestyrkes i viss mån af den af GJESSING
(Anf. arb. sid. II) påpekade omständigheten, att Harald Blåtand,
då han forsta gången i AM. 510 omnämnes jfr här nedan 4°)
benamnes Gormsson (så ock Flat. I, 154), hvilket väl knappast
hade egt rum, derest han hade varit omtalad kort förut.

[3] VIGFUSSON (Sturlunga saga, Oxford 1878, I, xcii) är af den me-
ning, att Jómsv. sagas s. k forsta afdelning utgjort ett stycke
af den forlorade Skjoldunga saga.

[4] Vi anmarka här, att Cod. AM. 291, 4:to, som af MUNCH (Det
norske Folks Hist. II, 1042) m fl. anses vara nedskrifven redan

Med afseende på *faktiska uppgifter* innehåller AM. 510 visserligen större afvikelser gent emot de öfriga redaktionerna, än dessa förete sinsemellan; dock äro dessa skiljaktigheter öfver hufvud taget icke af den beskaffenhet, att de utöfva något inflytande på framställningens gång, hvilken är ungefär den samma i AM. 510, som i de andra texterna.

Hvad som emellertid redan vid en flyktig jemförelse mellan AM. 510 och de andra redaktionerna faller i ögonen, är det slägttycke, som den förstnämda gent emot de öfriga på många ställen företer med konungasagorna, särskildt med Fagrskinna. Åtskilliga uppgifter, som bland Jvs.'s redaktioner äro för AM. 510 egendomliga, återfinnes nemligen i Fgsk.; flere visor, som de andra redaktionerna sakna, äro gemensamma för AM. 510 och Fgsk. Slutligen finner man äfven med afseende på enskilda uttryck och vändningar många öfverensstämmelser mellan dessa båda texter.

Vi ha förut (sid. V) anmärkt, att åtskilliga omständigheter tyda derpå, att till grund for så väl Fgsk. som Jvs. legat en gemensam källa, från hvilken än den ena, än den andra aflägsnat sig; vi ha äfven påpekat, att ur' historisk synpunkt Fgsk.'s uppgifter i vigtigare frågor äro att fordraga. Under sådana omständigheter är väl sannolikt, att Jvs. i sin ursprungliga gestalt legat konungasagorna något närmare, än de af oss kända redaktionerna göra, och att många bland de afvikelser, som nu förekomma mellan den förra och de senare, tillkommit derigenom, att Jvs. under tidernas lopp blifvit allt mera och mera öfverarbetad. På grund häraf skulle man kunna vara böjd att antaga, att de i AM. 510 förekommande öfverensstämmelserna med Fgsk. redan från början tillhört Jvs., och att denna redaktion således, ehuru

---

1 början af 13 årh., af Vigfusson (Sturl. saga, I, xci) förklaras tillhora senare hälften af samma årh. — ett påstående, som synes rimligare särskildt på grund af textens foga ålderdomliga skaplynne.

öfverarbetad, af Jvs.'s ursprungliga, konungasagorna närmare liggande, gestalt bibehållit mera, än de öfriga redaktionerna. I så fall skulle AM. 510 gent emot dessa ega ett icke ringa värde.

Så är emellertid icke förhållandet. Att AM. 510, — oaktadt sitt i allmänhet moderna skaplynne, — bevarat drag, som äro ursprungligare än det motsvarande i de andra redaktionerna, kan icke förnekas; icke heller är det omöjligt, att en eller annan mindre notis, som AM. 510 har utofver alla eller någon af de andra redaktionerna, och för hvilken ingen äldre källa kan uppvisas, förefunnits i den ursprungliga texten, ehuru den sedan blifvit i en eller flere af redaktionerna utesluten. Men ofver hufvud hafva alla i AM. 510 förekommande vigtigare faktiska afvikelser från de öfriga redaktionerna tillkommit genom öfverarbetning; särskildt är detta förhållandet med de för nämda text egendomliga öfverensstämmelserna med konungasagorna. Redan den omständigheten, att för AM. 510 säregna utsagor ofta förekomma som ett slags "paralleluppgifter" och stundom inledas med ett "sumir segja," eller något dylikt uttryck, väcker vid första påseende misstanke, att interpolationer egt rum. En noggrannare undersökning gifver också vid handen, att bearbetaren af AM. 510:s redaktion förutom en till grund för hans arbete lagd Jómsvíkinga saga äfven begagnat flere andra källor.

Så vidt vi kunnat finna, hafva dessa källor varit följande:

A. Fagrskinna. Den form, hvaruti denna text förelegat bearbetaren, har stått närmast den redaktion, som finnes bevarad i Codd. AM. 51, fol. och 302, 4:to (= "Noregs konungatal," i den tryckta upplagan [1] benämd *B*). Från Fagrskinna har bearbetaren upptagit nästan alla de uppgifter, som nämda text innehållit utöfver den af honom

---

[1] Utgifven af MUNCH och UNGER (Kristiania 1847).

begagnade Jvs., så vidt de kunnat i denna inpassas; äfven många i AM. 510 förekommande enskilda uttryck påminna om Fagrskinna och tyckas vara hemtade derifrån. Vi påpeka särskildt följande ställen:

51¹—¹⁷ Detta stycke, hvari omtalas, att Sigvaldi genom hotelse att låta kon. Sven fara åter till Danmark förmår Burislcif att låta honom bestämma förlikningsvilkoren, saknar motsvarighet i de andra redd., men eger sådan i Fgsk. 42¹⁷—¹⁹.

52¹—¹¹ Att Sigvaldi genom hotelse att utlemna Sven förmår denne till eftergift, förekommer ej i de andra redd , men i Fgsk. (sid. 42), hvarifrån det väl är upptaget i AM. 510.

52¹¹—¹² fyrir því at B. var heiðinn maðr] Denna reflexion, som saknas i de öfriga redd , är möjligen föranledd af Fgsk. 43¹¹ (eller kan hända af ett ställe hos Odd, jfr Fms. X, 309), hvarest — dock i ett annat sammanhang — omnämnes, att kon. Burisleif var hedning.

52¹⁷—²⁶ Den här lemnade utforliga redogorelsen för förlikningsvilkoren, hvilken ej finnes i de andra redd. (som blott omtala, att Sven efterskänkte skatterna), tyckes hafva uppkommit genom kombination af Fgsk. (sid. 43) och Jómsv. saga.

56¹¹ gaf honum jarlsnafn] Denna uppgift, som ej förekommer i de andra redd., kan vara föranledd af Fgsk. 42⁷.

60¹⁰—¹² Þessi skip . . . . . góðum] jfr Fgsk. 45²⁷.

60³³—62¹⁴ Den har förekommande berättelsen om Jomsvikingarnes första harjningar i Norge är tydligen ett försök att sammanjemka Jvs.'s och Fgsk.'s berättelser, i det att bearbetaren låter vikingarne först uppbränna Tonsberg (= Jvs.'s ofriga redd.) och sedan landstiga vid Jäder och der lemlasta Geirmund (= Fgsk.). — Vi anmärka, att AM. 510, i likhet med Fgsk. (och Holm.) skrifver Geirmundr, der AM. 291 och Flat. ha Ögmundr.

62¹¹—64¹² Berättelsen om Geirmunds sammanträffande med jarlen och deras samtal tyckes äfven hafva uppkommit genom sammansmältning af Jvs 's och Fgsk.'s framställning. Såsom prof på det sätt, hvarpå bearbetaren här och på flere ställen gått till väga, aftryckas parallelt ett stycke ur AM. 291 (med hvilken AM. 510 här har mest likhet) samt det motsvarande i AM. 510 med spärrning af allt, som har mer eller mindre ordagrann motsvarighet i Fgsk. 46⁹—¹⁴, men saknar sådan i de andra redd :

(Fms. XI, 118).

Svá er sagt, at Ögmundr hvíti kømr þar síd aptan dags ok gengr þegar inn í hollina ok fyrir jarl, ok kveðr hann vel. Jarl tekr

(Sidd. 62—63 här nedan.)

Þat var síd dags, at Geirmundr kom á Skugga; hann gengr þegar í drykkjustofuna ok fyrir Hákon jarl ok kvaddi hann, jarl kveðju hans, ok er hann spurðr almæltra tíðinda. En hann svarar Ögmundr. "Lítil eru enn tíðindi undir förum minum," segir hanu. "en gerask mætti at tíðindum eigi alllítlom." — "Hvatá?" segir jarl. "Þattá." segir Ögmundr, "at ek kann at segja yðr hersogu, at mikill herr er kominn í landit, austr í Vikina, ok með enum mesta ófriði ok styrjold, ok þat sama ætla ek þeim í skapi búa, at halda slíku fram." Jarl mælti: "Hvat veit ek," segir hann, "hvárt menn munu aldregi hætta fyrr lygisögum í landinu, enn nokkurr hangir uppi fyrir" o. s. v.

sat þá undir borðum. Jarl tók kveðju hans ok spyrr tíðinda; Geirmundr svarar· "Mikil tíðindi er at segja." Jarl mælti: "Með góðu skyldu þau koma ok vera." Geirmundr svarar: "Eru tíðindi, ok eru ill ok þó sonn; ek kann segja yðr hersögu, at mikill herr er kominn í landit ok ferr með hinum mesta ófriði ok styrjöld, ok gera hinn mesta skaða á yðru ríki, ok valda þessu Danir; ok þat hygg ek, at þeir ætli slíku fram at halda, þar til er þeir finna yðr." Hákon jarl svarar reiðuliga: þessi tíðindi eru illa login, ok fyrir löngu mundi Noregr aleyddr vera, af þeir hefði herjat hingat hvert þat sinn, er þér segit þat ok eigi munu menn fyrr af láta at ljúga hér hersogu, fyrr enn nokkurr hangir uppi fyrir þessa lygi, ok svá skal vera" o. s. v.

64¹¹⁻¹⁷ saknar motsvarighet i de andra redd., men jfr Fgsk. 46¹⁹⁻²².

66²⁻69² Berattelsen om Jomsvikingarnes färd från Jäder till stridsplatsen och sammantiaffande med jarlen är här allt igenom sammansatt af stycken ur Jvs. och Fgsk. jfr

66²⁻⁶   med Fms. XI, 122¹⁰⁻¹⁵ ¹)

66¹²⁻¹⁷   Fgsk. 46¹⁴⁻²⁷.

66²³⁻67²   ,,   Fms. XI, 122¹⁹⁻²⁶

67²⁻⁴   Fgsk. 46²⁸⁻³⁰.

67⁸⁻¹⁸   ,,   Fms. XI, 122²⁶ –123¹⁶

67¹⁸⁻³²   Fgsk. 46³⁴⁻47⁹.

67²³⁻68⁷   .,   Fms. XI, 123¹⁶⁻²⁵

68⁸⁻¹¹   Fgsk. 47¹²⁻¹⁶.

68¹¹⁻²⁶   ,,   Fms. XI, 123²⁵⁻124¹⁶

68²⁶⁻69²   Fgsk. 47²⁹⁻³⁴.

(68¹⁷⁻²² rak i mót þeim mosagarð] forekommer visserl. blott har. men Sigvaldes misstankar påminna om Fgsk. 47³⁰⁻³³).

¹ Jemförelsen kunde äfven goras med motsvarande i Flat.

69^{11}—70^{14} Med undantag af ett par rader i början och slutet
är hela kap. XXXIX tydligen hemtadt från Fgsk. 47^{14}—48^{33}. Dock
märkes, att den i Fgsk förekommande taluppgiften "hálft annat
hundrað" blifvit andrad till "ccc" i ofverensstammelse med hvad
som forut (66^1) i AM. 510 uppgifvits. Deremot omtalas utan vi-
dare jarlens son Erling som skeppsstyrare, ehuru denne längre
fram (79^{14}) uppgifves hafva varit blott 7 år gammal!

71^{17}—^{25} Såsom motkämpar mot Sigurð kápa uppställer AM.
510: Sigurðr jarlsson, Ármóðr ór Önundarfirði ok Árni,
son hans. Trol. har originalet, i likhet med AM. 291 och Flat.,
uppgifvit blott de båda sistnämda, hvarför bearbetaren för att
afven här få tretalet fullt från Fgsk. 48^{13} upptagit den först-
nämde, som der sättes emot Sigurð kápa.

72^4 och 73^{14}—^{30} Jemte de 4 Isländingar, som nämnas i de
andra redd., upptager AM 510 här afven Tind Hallkelsson,
i ofverensstämmelse med Fgsk. 49^9, (hvarest deremot Einarr ská-
laglam utelemnas).

74^{11}—^{33} Jfr Fgsk. 48^{37}—^{38}.
75^{10}—^{21} Jfr Fgsk. 50^4—^{5} och noten dertill.
77^{14}—^{34} Jfr Fgsk. 49^{33}—^{34}.
78^1—^{3}, ^{5}—^{6} Jfr Fgsk. 50^6—^{7} och noten dertill.
84^{29} Jfr Fgsk. 50^{11}.
85^{11}—^{13} Jfr Fgsk. 50^{10}—^{21} och noten dertill.
86 ^{8}—^{10} Jfr Fgsk. 50^{13}—^{15}.
87 ^{3}—^{4} Jfr Fgsk. 51^3—^{4}.

87^{14}—^{21} Den här anförda lausavísan af Vigfúss Víga-Glúmsson
återfinnes inom hela den bevarade literaturen blott i AM. 510
och Fgsk. (sid. 51).

91^{13}—98^{14} Berättelsen om Jomsvikingarnes aflifvande och de
ofverblifnes följande oden ofverensstämmer har i allmanhet gan-
ska noga med de andra redd., men innehåller dess utom allt, hvad
Fgsk. har utofver dessa, så vidt det kunnat i berättelsen inpas-
sas. 93^{11}—^{30} afviker AM. 510 dock från Flat. och Holm. (AM 291
är har defekt) och låter i likhet med Fgsk. 52^1—^{3} den 8.de vi-
kingen blifva benådad — 94^5—^{13} inskjutes i AM. 510 en episod,
som eljest endast forekommer i Fgsk. 51^{33}—^{34}. Jfr för ofrigt

> 96^1—^{5} med Fgsk. 52^{13}—^{14}
> 96^{10}—^{14} „ Fgsk. 52^{14}—^{17}
> 97^7—^{10} „ Fgsk. 52^{18}—^{20}
> 97^{11}—^{20} „ Fgsk. 52^{37}—^{33}
> 98^{14} „ Fgsk. 52^{34}
> 99^3 „ Fgsk. 53^4—^{5}
> 99^6—^{7} „ Fgsk. 53^6—^{7}.

101⁹⁻¹⁰ Hákon jarl réð einn vetr fyrir Noregi etc.]
Denna tidsbestämning, som (i likhet med hela berättelsen om
jarlens sista år) saknas i de andra redd. (AM. 291 är dock har
defekt) ar möjl. upptagen från Fgsk. (sid. 54 not. 7).

Vi vilja naturligtvis icke bestämdt påstå, att alla of-
vanstående uppgifter och uttryck äro hemtade från Fgsk.;
ursprunglig öfverensstämmelse mellan Fgsk. och Jvs. kan
ju möjligen vara rätta förklaringsgrunden till en eller
annan bland de påpekade likheterna. Men att flertalet
af dessa måste härröra deraf, att bearbetaren af AM.
510:s redaktion som källa begagnat Fgsk, anse vi höjdt
öfver allt tvifvel genom det sätt, hvarpå öfverensstämmel-
serna mellan nämda texter stundom förekomma i AM.
510. Man kan nemligen på åtskilliga ställen (t. ex.
66⁵—69²) i AM. 510 utstryka det med Fgsk. öfverens-
stämmande, utan att sammanhanget derigenom i väsentlig
mån störes, och hvad som efter en dylik utstrykning kvar-
står, sammanfaller då i hufvudsak med de andra redd:na.
Detta sistnamda förhållande är särskildt ett kraftigt
bevis för vårt påstående; ty då Jvs.'s redaktioner öfver
hufvud taget så mycket med hvarandra öfverensstämma,
så vore det en oförklarlig företeelse, om en af dessa redd.
utöfver de öfrigas text innehölle talrika, med Fgsk. stun-
dom nästan ordagrant sammanfallande stycken, hvilka till-
hört det ursprungliga originalet, men blifvit spårlöst ut-
plånade ur de andra redd:na.

B. Odd Munks Olofssaga, neml. den redaktion af
sagan, som representeras af Cod. AM. 310, 4:to [1]. Här-
ifrån har bearbetaren hemtat flere faktiska uppgifter;
äfven för de öfriga redaktionerna främmande enstaka ut-
tryck erinra om Odd AM.

---

[1] Denna text (utg. i Fms. X, 216—376) betecknas i det föl-
jande med Odd AM., och den i Cod. Holm. membr. 20, 4:to (utg.
af Munch, Kristiania 1853) med Odd Holm.

46¹⁷ Garta] De andra redd.: Geira (Arngrims öfversättning har dock Geila — Fgsk.). Har "Garta" uppkommit genom fellasning af Garia, hvilken form (latinisering af Geira) forekommer på ett ställe hos Odd (Fms. X, 340, jfr Odd Holm. sid. 48)? 60¹⁷ Lxx skipa annars c stórskipa] Denna paralleluppgift, som ej finnes i de andra redd., öfverstämmer med Odd AM. (Fms. X, 257), hvarifrån den antagligen ar hemtad. Muncʜ (Odd Holm., sid. 86) menar, att denna uppgift i Odd AM. (vid hvars redigerande Jvs. ju bevisligen är på flere ställen begagnad) skulle vara hemtad från Jvs. (AM. 291) kap. 38 (= Fms. XI, 116), men der uppgifves ju "x annars c" som det antal skepp, Jomsvikingarne medförde från Jomsborg till arfolet, under det att det sammastädes uttryckligen sages, att de, då tåget till Norge antraddes, hade 100 skepp.

79¹⁰ Hann heitr á .. Þorgerði Holdabrúði eða Horðatroll, því at ýmist er hon kölluð]. Är mojl den foira benamningen upptagen ur Odd AM. (Fms. X, 258), der den användes?

86²¹ xxx skipa] Så ock Odd AM. (Fms. X, 258), men de ofriga redd.: iv ok xx.

100¹²—101⁴ Den här lemnade parallelberattelsen om slaget, som saknas i de andra redd. (AM 291 ar dock här defekt), tyckes vara hemtad från Odd AM. kap. 15 (Fms X, 257 f.), hvarest den i sina hufvuddrag återfinnes, och om hvars framstallning afven enskilda uttryck påminna.

101¹⁻⁹ Hvad som har berattas om Håkan Jarls ovänsällhet saknas i de andra redd., men erinrar starkt om början af kap. 17 i Odd AM. (Jfr 101⁸⁻⁷ med Fms. X, 263¹⁷⁻²⁰ samt 101⁸⁻⁹ med Fms. X, 264¹⁻⁹).

Då, som bekant, bearbetaren af Odd AM. som källa begagnat en Jómsvikinga saga [1], så är tänkbart, att den öfverensstämmelse i enstaka uttryck, som man på ett par ställen finner mellan Odd AM. och AM. 510 (jfr t. ex. 79¹¹⁻¹² med Fms. X, 258¹ och 79²⁶⁻²⁷ med Fms X, 258⁷), kan bero på nämda förhållande, och att dessa uttryck således från början tillhört Jvs. Så kan emellertid icke förhållandet vara med de för båda texterna gemensamma faktiska utsagorna, då de ord, med hvilka de i AM. 510 inledas, angifva, att de der äro interpolerade. Bland till

---

[1] Jfr Muncʜ, Odd. Holm. sid. 84.

vår tid bevarade texter är Odd AM. den enda, hvarur de
kunna vara hemtade.

C. Sämund, som anföres som hemulsman för den
54²⁶⁻²⁸ lemnade paralleluppgiften angående det antal skepp,
Jomsvikingarne medförde till arfolet. Huru vida bear-
betaren hemtat denna uppgift direkte från något verk af
Sämund, (ur hvilket han då möjligen lånat äfven andra
uppgifter,) eller ur någon sekundär källa, är omöjligt att
afgöra i anseende till det mörker, som omgifver Sämunds
författarskap.

D. Biskop Bjarni Kolbeinssons Jómsvíkinga
drápa, som anföres såsom källa för den 71⁹⁻¹⁰ fore-
kommande paralleluppgiften angående förhållandet mellan
Jomsvikingarnes och Norrmännens stridskrafter (jfr Jómsv.
drápa str. 21). Någon annan vigtigare uppgift har be-
arbetaren icke upptagit ur Jómsv. drápa[1].

E. Tind Hallkelssons dikter[2], ur hvilka (sidd.
81—86) sammanlagdt 9 hela och 2 halfva strofer anföras.
Såsom vanligt i yngre texter tyckas dessa visor hufvud-
sakligen användas för att utsmycka berättelsen; blott ett
par mindre notiser[3] (jfr 81²⁹⁻³¹ och 84²⁵⁻²⁶) ha de samma
lemnat bearbetaren. Att dessa visor blifvit insatta i texten
i sammanhang med införandet af Tind såsom deltagare i
slaget (efter Fgsk., jfr ofvan), är väl temligen tydligt;
om de från början tillhört Jvs., hvilket i och för sig är

---

[1] Jfr emellertid 44³ᵇ 'var Vagn hinn mesti ofrhugi' med
Jvdr. str. 8⁷⁻⁸, samt 61¹¹ þetta var jólanóttina, er Jóms-
víkingar kvámu á Jaðar' med Jvdr. str. 16¹⁻⁴ (det senare
väl snarare upptaget från Fgsk. 45³⁸).

[2] "Hákonardrápa" (Fgsk. 49⁹) och "Jómsvíkinga flokkr" (82¹⁶).
möjl. ett och samma kvade?

[3] Dessa notiser forekomma eljest jemte tillhörande visor blott
i Heimskringla (Ol. Tr. s. kapp. 43 och 47) och den större Olofs-
sagan (Fms. I, 173 och 183); häraf torde dock ej kunna slutas, att
bearbetaren begagnat dessa texter, då intet annat tyder derpå.

b

föga sannolikt, vore svårt att förklara, hvarföre de alldeles saknas i de andra redaktionerna.

Några andra för den egentliga Jvs. främmande källor, än de ofvan anförda, kunna icke med säkerhet påvisas såsom begagnade vid bearbetningen af AM. 510:s redaktion [1]. Emellertid företer sistnämnda text, utofver hvad som ofvan påpekats, ytterligare en del faktiska afvikelser från en eller flere af de ofriga redaktionerna, stundom från dem alla. Dessa afvikelser äro hufvudsakligen följande [2]:

3⁴ enn yngsti hét Fjolnir] Så ock AM. 291 och Flat., men Holm.. hinn ellsti.

3⁴ hann var frilluson] Denna bestamning, som helt visst tillhort den ursprungliga texten, forekommer blott i Flat., Holm. och AM. 510, i sammanhang harmed tillägga dessa texter langre fram (3¹⁹): svá sem hann væri arfgengr

4⁹ f. Fjölnir rœgði brœdr sina við konung] Så äfven Flat. och Holm. Öfver hufvud framhålles Fjolnir's hamndlystnad och ingripande i handelserna vida mera i AM. 510 än i de ofriga redd. Jfr. 13³¹, 16 f.. 22 f., 24¹⁰⁻¹⁵.

5³⁰ ccc manna ok xxx] AM. 291 har här talet cccc, Flat o. Holm.: n.

6⁴ Jótland] Sjáland AM. 291 och Flat. (omnämnes ej i Holm.).

8¹⁷—9⁴ Ingeborgs dröm berättas här annorlunda an i de andra redd. (jfr Fms. XI, 49, Flat. I, 156, Holm. 60). I den form, hvari drommen här framtrader, betecknar val det först

---

[1] Den 29¹⁰ forekommande uppgiften om Harald Gormssons dödsdag återfinnes visserligen på ett annat stalle inom den Islandska literaturen (jfr nedan sid. XIX), men huru vida den derifrån — eller mojl. direkte från Adamus Bremensis — inkommit i AM. 510, kan ej afgoras.

[2] I denna ofversigt, som for ofrigt icke gör anspråk på absolut fullstandighet, fästes intet afseende vid sådana i AM. 510 forekommande afvikelser, som tydligen blott bero på framstallningens olika bredd gent emot de ofriga redaktionerna. I allmänhet tages icke heller hänsyn till Arngrims ofversattning, enar den samma detaljuppgifter naturligtvis icke kunna anses likstalda med de islandska texternas. Rorande nämda ofversättnings fornamsta egendomligheter hanvisa vi for ofrigt till GJESSINGS sakrika och grundliga undersokning.

affallna hufvudet Áki; det hufvud, som Ingeborg tager upp ur
sin särk, syftar val på sonen Pálnatóki, som på kon. Harald.
hämnas sin farbroders dod. Ar denna tolkning af drommens be-
tydelse riktig, så ar måhanda AM. 510·s framstallning här ur-
sprungligare an de andra texternas, i hvilka drommens syftning
ar mera oklar.

9³³ Bjarnar, fóstra síns] jfr Fms. XI, 50 (— fóstbróðir
hennar, d. a. Álófar), Flat. I, 156 (— fósthróðir jarls) och
Holm. 60 (ráðgjafi hennar).

10 f. Episoden om Saum-Æsa berattas i AM 510 på
samma satt som i Flat. och Holm. (AM. 291 har deremot här en
annan, vidlyftigare och tydligen mindre ursprunglig, berattelse,
jfr Fms. XI, 51 f.).

12⁷ með engum gjöfum] Så ock Flat och Holm., under
det att AM. 291 låter Fjolnir upptrada och ofvertala konungen
att mottaga de erbjudna gåfvorna (jfr Fms. XI, 55).

12¹⁰ xii vetra gamall] De andra redaktionerna xv.

13³⁷—³⁸ Sveinn herjar . . . . Mon] Denna ortsbestamning
förekommer endast har.

15⁶,¹¹ Hjatland] De andra redd. ha har Halland, som tyd-
ligen är det ursprungliga.

17¹⁸ IIII skip ok xx] Så ock AM. 291 och Flat., men
Holm.. xxx.

18³ xv skip] AM. 291 och Flat.: xii, Holm. ix.

18³⁰ L stórskipa] Samma taluppgift i AM. 291 och Holm.,
men Flat.. xL

18³¹ Enn er á leið sumarit] De andra redaktionerna:
haustit, hvilket man afven haft skäl att vanta har med anled-
ning af den straxt efter (19⁵) lemnade uppgiften om tiden for
kon. Haralds dod (— aftonen fore Allhelgonadag, d. v. s. den 31
Oktober).

19⁶ þetta var hinn næsta dag fyrir allra-heilagra-
messu] jfr

21³⁰ þetta var allra-heilagra-messudag] Denna tidsbe-
stamning förekommer ej i de andra redd. Hvarifrån den in-
kommit i AM. 510 (det ursprungliga originalet tillhor den val
svårligen) kunna vi ej uppvisa. Vi anmárka emellertid, att den
samma återfinnes i det utdrag ur "Hamborgar Historia" (Adams
af Bremen bekanta verk), som forekommer i Cod AM. 415, 4 to
(utgifvet i Langebeks Script. rer. Dan II, 146—53 samt i Fms.
XI, 417—21) och i Flateyjarbók (I, 17 f.). Áfven återfinnes ifrå-
gavarande uppgift i det "Fragmentum Islandicum," som finnes
aftryckt hos Langebek, II, 425—33.

21³³—22¹⁷ Den här forekommande berattelsen om ett ting i

b*

Viborg återfinnes icke annorstädes. AM. 291 och Flat. omtala dock, att Pálnatóki och Sven foro omkring i landet och höllo ting.

25³ ⁻⁷ Det här anförda samtalet förekommer blott i AM. 510.

25⁸ iii. c manna] De andra redd : c.

27¹¹ ⁻¹² Þat er sagt, at þá er Pálnatóki kom heim til Bretlands, at þá var ondud Álóf kona hans] AM. 291 och Holm. förlägga Álófs dod till 'hit næsta sumar eptir,' Flat. till 'hit sama haust eptir'.

27¹⁹ til Írlands] De andra redd.: til Skotlands ok Írlands.

27²¹ iii sumur] Så ock Holm., men AM. 291. xii (i Flat. ar stället ofverhoppadt)

28¹² L ok cc langskipa] AM. 291 har iii (hvilket Fms. XI, 74 antages vara skriffel for iii. c.), Flat. och Holm.: ccc.

29 f. Jomsvikingarnes lagstiftning skildras i AM. 510 på ungefar samma satt, som i de andra redd. Dock aro de stadganden, som återfinnas har nedan 29¹⁴⁻¹⁵, 29¹⁹⁻²², 30¹ och 30⁷⁻⁹ (det sista blott en upprepning af 29¹⁴⁻¹⁶), egendomliga for AM. 510; 29¹⁶⁻¹⁶ och 30²⁻³ finnas i AM. 291 och Flat., men ej i Holm.

31²⁴ Gudrvísi] Denna person omtalas blott i AM. 510 (har och sid. 37).

32²⁶⁻²⁴ Att Sigvaldi och þorkell tagit Hávarð hoggvandi och Áslák hólmskalli som krigsfångar, omtalas blott har.

35²² iiii skip ok ccc manna] De ofriga redd. ha andra taluppgifter, neml. AM. 291 och Holm: iii-cc, Flat.: iiii-cc.

36²⁷ Íseyjarþing] Det riktiga ar val har Íseyrarþing (= AM. 291 och Holm.; Flat.. Seyrarþing, ett latt forklarligt skriffel). Att har dock icke föreligger ett skriffel, framgår af 37⁸: i Íseyjum.

36³³ xx skipa] AM. 291 och Holm. L, Flat: Lx.

36²³ iii skip] Så ock AM. 291 och Flat., men Holm.: v.

37⁶⁻¹⁹ Plundringen af Harald jarls gård omtalas ej sarskildt i de andra redaktionerna.

37¹⁶ x pund gulls] AM. 291 har här· c hundruð och Holm.: xc (?) (Flat. utelemnar denna uppgift).

37²² xx skip] De andra redd.· ⅄.

37²⁷ x merkr gulls] Så ock Flat., men AM. 291 och Holm.· xx.

38¹⁴⁻¹⁹ De har uppgifna forlikningsvilkoren öfverensstämma med Flat. I, 170 f., men ej med AM. 291 (jfr. Fms. XI, 86). Holm. har intet motsvarande.

40²² x vetra gamall] De andra redd.: ix.

44¹⁷ xL manna] De andra redd.. ⅄xx.

44¹⁶ xx menn] Så ock Flat., men AM. 291· xxx, Holm.: fáir.

46¹¹ Garta] De andra redd. Geira (Arngrius ofvers. dock Geila = Fgsk.). Jfr ofvan sid. XIV.

48² ɔc manna] Så ock AM. 291 och Holm, men Flat.· nccc

49²⁻⁵ Detta stycke tyckes vara ofverhoppadt i de andra redd.

54²³ halft annat c skipa] Så ock Holm., men Flat.: ⁷ʟxx skipa annars hundrads; AM. 291 trol. det samma (siffrorna osäkra, men jfr. Fms. XI, 116).

57²¹ enn drepa hann sjúlfan] Denna del af Vagns lofte fattas både i AM. 291 och Flat. I Fms. XI, 153⁸ (motsv. 97² här nedan) omtalas det icke heller, men val ı Flat. på motsvarande stalle (I, 200); Holm. upptager det både har och på senare stallet.

59¹² xʟ skipa] Så ock Flat, men AM. 291 och Holm ʟx.

62²³ á Skugga] Så ock AM. 291 och Holm.; Flat · á Sóla.

64⁴⁰ Erlind (skiiffel f. Erling?) son sinn] Flat.: Eirik (skriffel, såsom man finner af sammanhanget) son sınn; Holm.: Erling son sınn, AM. 291 har blott Erling (utan bestamning), hvilket tydligen ar det ursprungliga, ty det menas naturligtvis Erlıng af Skugge och icke jarlens sjuårige son.

65¹⁰ vı herskip] AM. 291. ııı (Flat. utelemnar taluppgiften och Holm. hela episoden om Erık jarls och þorkels sammanträffande).

66²⁷ vı vıkur sjóvar] Så ock Flat., men AM. 291· xx; (utan motsvarighet i Holm.).

67¹³ vı kýr] De ofriga redd. ııı.

68¹⁴⁻¹⁶ Att Ulf foı klarar sig hågad att deltaga i striden mōt jarlen ar egendomlıgt for AM. 510. Jfr Fms. XI, 123 f. och Flat I, 186 f.

70²⁴⁻72² Med undantag af nedanstående afvikelser ofverensstammer AM. 510 i redogorelsen for slagordningen ofver hufvud med de andra redd.:

71¹⁶ I st for de ofrigas Styrkárr af Gımsum har AM 510 'Sigrekur' af Gimsum.

71²⁷ Jfr ofvan sid. XIV.

71²⁹ Emot Vagn upptager AM. 510 Erlend jarlsson i st. f. de andra redd:s Ögmund (Holm.. Geirmund).

(Jfr for öfrigt betraffande slagordningen den ofversigtstabell, som åtföljer Gjessinɢ̱s upplaga af Arngrıms ofversattning).

72⁹⁻¹⁶ Visan återfinnes i AM. 291 och Flat., men ej i Holm.

74¹⁰⁻¹⁷ Visan förekommer afven i Flat. och Holm., men ej i AM. 291.

86³¹ xxx skipa] De andra redd. ıv och xx; jfr ofvan sıd. XVI.

88²⁴ x menn] Så ock AM. 291 och Holm., men Flat. xx

97⁹⁻¹⁰ **Vagn fellır sik fram fyrir fœtr Þorkeli]** I
Flat. och Holm. (AM. 291 är har oläslig) är det **Bjorn brezki**,
som faller Vagn (jfr Flat, I, 200 f.).

100¹⁴⁻¹⁵ **Son hans (— Sigvalda) hét Gyrðr** etc.] Denna
person omtalas blott i AM. 510.

101¹⁰⁻²³ **Vigfúss Víga-Glúmsson fór ok til Íslands** etc.]
Detta omtalas blott i AM. 510. (AM. 291 ar defekt i slutet och
Holm. utelemnar hela berattelsen om de i slaget deltagande Is-
landingarnes senare oden).

Af den lemnade öfversigten framgår, att, om man
bortser från allt, som bearbetaren af AM. 510:s redaktion
bevisligen upptagit från för den egentliga Jvs. främmande
källor, äro de uppgifter, genom hvilka AM. 510 skiljer
sig från sagans öfriga redaktioner, icke af någon syn-
nerlig betydenhet. De äro dels sådana, som äfven före-
komma i dessa senare, ehuru i en något olika gestalt,
dels sådana, som i de andra redaktionerna sakna all
motsvarighet. Afvikelserna af förra slaget beträffa mest
sifferuppgifter och hvarjehanda biomständigheter, som un-
der en långvarig handskriftlig tradition lätteligen förän-
dras Skiljaktigheterna af senare slaget äro icke synnerligen
talrika; huru vida de tillhört det ursprungliga originalet
eller icke, är ofta omöjligt att afgöra.

Det nämdes ofvan (sid. VIII), att Jvs. i AM. 510 skiljer
sig från de öfriga redaktionerna äfven med afseende på
framstallningssättet. Detta företer nemligen i nämda text
i allmanhet ett mera modernt skaplynne, än i de öfriga
redaktionerna, så val hvad beträffar enskilda ord och
vändningar — något som ju till en viss grad kan bero
på handskriftens sena nedskrifningstid — som med af-
seende på sjelfva stilen. Berättelsen är i allmänhet myc-
ket utlagd på bredden; ofver hufvud råder i framställ-
ningen en viss ojemnhet — en naturlig följd af textens
öfverarbetade beskaffenhet. Under det att således somliga
stycken äro hållna i en jemförelsevis någorlunda god sa-
gostil, lida deremot andra af en betydlig långsläpighet
och enformighet. Det senare är särskildt fallet med be-

skrifningen af kampscenerna i Hjörungavág (jfr 77²⁴—78¹⁹, 80²⁰⁻³⁰, 84¹⁶⁻²¹, 87¹⁻²⁰), och känneteeknar tydligen dessa stycken, som icke återfinnas i de andra texterna, såsom senare tillkomna och således främmande för den ursprungliga Jvs. ¹.

Hurudan har då den Jvs. varit, som bildat stommen för den i AM 510 föreliggande bearbetningen, och hvilken ställning intager således AM. 510 till de ofriga redaktionerna?

En jemförelse mellan de olika texterna visar, att AM. 510 så väl med afseende på faktiska utsagor (jfr ofvan sidd. XVIII—XXII), som hvad enskilda uttryck beträffar, öfverensstämmer än med en, an med en annan af de öfriga redaktionerna, utan att man kan bestamdt afgöra, hvilken af dessa ligger den samma närmast. Vidare förtjenar att beaktas, att på en del ställen, der texten i AM. 510 förefaller misstänkt och icke är fullt begriplig utan jemförelse med de öfriga texterna, denna jemförelse måste göras än med den ena, än med den andra af dessa ². Af

¹ Att namda stycken blifvit i texten insatta samtidigt med interpolationerna från Fgsk., antydes deraf, att man i de samma finner åtskilliga ställen, som alltför mycket erinra om sistnamda text, for att likheten skulle kunna vara blott tillfällig.

² Vi påpeka har en del sådana stallen och lemna derigenom afven ett supplement till noterna under texten, enar utrymmet der icke alltid tillåtit oss att belysa en del dunkla stallen så omständligt, som onskvardt varit·

7²⁷ Jfr noten till detta ställe.

14⁹ væri] Den oregelbundna tempusföljden harror tydl. deraf, att originalet haft or. obliqua, jfr Fms. XI, 58. "at hann fengi hánum vi skip ok þar með lið, svá at þau væri oll skipud fullri skipan."

21⁴ binda akkeri fyrir borð] Fms. XI, 66 och Flat. I, 162: "barð," som val varit det ursprungliga.

24¹⁷⁻⁹ Sveinn konungr lætr þá enn eydask veizluna ok hit næsta sumar eptir] Detta dunkla stalle forklaras af Fms. XI, 69: "Ok nú lætr konungrinn eydask þat haust erfisgøidina, ok liðr af så vetr ok þat sumar."

35¹ Jfr noten till detta stalle.

dessa förhållanden torde kunna slutas, att AM. 510 är att betrakta som en sjelfständig, med de öfriga texterna sidoordnad, redaktion, hvarvid den omständigheten, att de andra redaktionerna öfver hufvud taget öfverensstämma mera sins emellan än med AM. 510, tyckes häntyda derpå, att de förstnämda stamma från en gemensam ättling af den ursprungliga sagan (jfr ofvan sid. VIII), under det att AM. 510 leder sin härkomst från en med nämde ättling samordnad.

Den företagna undersökningen af AM 510:s red. har gifvit vid handen, att denna text är en i en jemförelsevis senare tid företagen bearbetning af Jvs., grundad på en äldre, från de andra till vår tid bevarade texterna af-

42¹⁷⁻¹⁸ Skrifvaren har ofverhoppat något; luckan kan suppleras efter AM. 291 eller Holm., bast efter den senare; jfr noten till stallet.
50³ Jfr noten till detta stalle.
56²⁶ 'nockunniginn kallmannliga'] Orig. har val haft 'nockurnig mikillmannliga' — Fms. XI, 110.
58¹⁵ (eigi?) munda ek yfir svinnu mína hafa tekit] Orig. har val haft: "munda ek sýnu minna hafa af tekit" — Fms. XI, 112, Flat. I. 181
59¹³ Jfr Fms. XI, 114: "..lx skipa, þeirra er öll sé stór ok vel skipuð.." (= Flat. I, 182). Uttrycket "skipuð" har val afven stått i AM 510.s orig. och vållat felskrifningen.
67¹³ Luckan i texten kan utfyllas efter Fms. XI, 123 "strand-högg, ef svá herr at hendi. Ok nu herr svá at, at þeir finna mann einn at máli, så rekr fyrir sér" (Jfr Flat. I, 186).
73³ 'formonnum'] Antingen är detta rent af skriffel, eller ock har skrifvaren missforstätt sitt orig., som helt visst haft 'forn-monnum' (= Flat. I, 189).
80¹⁵⁻¹⁶ þetta veðr ... enn herklæði] Jemforelse med de andra redd. visar, att skrifvaren efter "menn" ofverhoppat något, snarast orden "máttu varla standask, en menn" (så Holm. 74).
95³⁻⁵ þeir hafa nú látit lifit fyrir skommu, er mér þykkir ekki betra at lifa enn deyja ok eiga eigi meira kosti, enn nú á ek] Detta stalle forefaller oredigt; jemforelse med Flat. I, 199 antyder, att AM. 510 s orig. afven, i st. f. de kursiverade orden, haft. "at mér þykkir litit i veitt at lifa lengr"
96²⁰ och 98¹¹ Jfr noterna till dessa ställen.

vikande, redaktion af sagan, jemte hvilken bearbetaren
anlitat flere andra källor. Ur dessa senare har han upp-
tagit flertalet af de i dem förekommande, för hans ori-
ginal främmande uppgifter, hvilka han på lämpliga ställen
inflickat i detta. Tydligt framstår emellertid, att han
härvid gått till väga helt och hållet mekaniskt och utan
kritisk noggrannhet, — hvartill han väl för öfrigt saknat
tillräckliga förutsättningar.

Det intresse, AM. 510:s red. eger för forskaren, är
således öfvervägande literatur- och kulturhistoriskt; men
i detta afseende är denna text af stort värde. Den visar
nemligen, huru som, sedan den isländska historieskrif-
ningens klassiska period var förbi, det historiska samlare-
nitet länge fortlefde på Island. På sitt sätt utgör denna
text ett prof på den efterblomstring inom den isländska
historieskrifningen, som frambragte sådana verk som t. ex.
den större sagan om Olof Tryggvesson. Likasom denna
saga tillkommit genom sträfvandet att på ett ställe samla
allt, hvad man på författarens tid visste om nämde konung
och hans samtida, så har bearbetaren af Jvs. i AM. 510
— om ock med vida mindre skicklighet och framgång —
sökt att sammanföra, hvad for honom tillgängliga källor
meddelat om Jomsvikingarne. Äfven en annan synpunkt,
än begäret att samla, tyckes emellertid hafva varit be-
stämmande vid hans arbete: önskan att göra berättelsen
fängslande för läsaren. I sträfvandet härefter går AM.
510 vida längre än de andra redaktionerna [1].

---

[1] Att AM. 510:s red. afven i en något senare tid varit po-
pulär på Island, antydes mojligen deraf, att de Jómsvikinga
rímur, som finnas bevarade i Cod. AM. chart. 607, 4·to, grunda
sig på just denna red. Namda rímur, till antalet 9, äro enligt
den i handskriften forekommande ofverskriften diktade af "Stað-
arhrauns-Jón (enligt G. Þorlákssons mening = presten Jón Jónsson
i Staðarhraun, † 1653 vid 113 års ålder) och behandla efter en
kort inledning Jomsv nes historia fr. o. m. Jomsborgs anläggning
t. o. m. Vagns och hans mans tillfängatagande (motsv sidd. 27¹¹—91⁹
har nedan). Då berattelsen slutar något tvart, tyckes det, som
om samlingen icke vore fullständig i handskriften.

II.

Cod. AM. 510, 4:to består i sitt närvarande skick af
96 [1] i skinnbeklädda träpermar inbundna pergamentsblad,
af hvilka de flesta hålla ungefär 19 centimeter i höjd och
13,, i bredd; många blad äro dock — och hafva redan
från början varit — betydligt mindre. Radernas antal
uppgår i allmänhet till 34 à 35 på hvarje sida; på en
del sidor, der stilen är något gröfre, finner man dock ett
mindre antal rader.

Huru vida hela boken är nedskrifven af en och samma
person, är svårt att med full säkerhet afgöra. Dock göra
bl. 8b—38b intrycket af att vara skrifna af en annan
hand, än bokens öfriga delar, så vidt icke skriftdragens
olikhet kan anses härröra af skrifmaterialens olika be-
skaffenhet. De ortografiska förhållandena gifva ingen säker
ledning för bedömande af denna fråga, ty de förete i bo-
kens olika delar icke större skiljaktigheter, än som kunna
bero på inflytelser af de olika original, som för de sär-
skilda sagorna förelegat skrifvaren.

Handskriftens ortografi företer intet särskildt egen-
domligt [2], utan är öfver hufvud taget den samma, som
man plägar finna i handskrifter från sista delen af 15:de
årh. Äldre kan boken svårligen vara, men må hända är
den ännu yngre [3].

---

[1] Icke 95, såsom det uppgifves i GERINGS upplaga af Finnboga
saga (Halle 1879), sid. xix.

[2] Att påpekas förtjenar dock måhanda det stundom före-
kommande bruket af 'ei' for normalt 'é' (jfr har nedan· heit 3[6],
7[1], 17[13], 30[18]; leit 6[16]; heidan 6[19]) samt af 'æ' for 'a' (så: sækir
39[27], 43[18]; alfiære 67[18]; dæginn 76[19], 80[10], 80[17].

[3] Så torde förhållandet vara, derest den af G. ÞORLÁKSSON (jfr
GERINGS uppl. af Finnboga saga, sid. xx, noten) uttalade hypotesen
är riktig, att neml. AM. 510, 4.to är autograf af Biskop Jón Arason
(f. 1484 † 1550). Om så är — och det finnes ju skäl, som tala derför
— så måste handskriftens nedskrifningstid förläggas till början af

Rörande bokens tidigare egare gör **Arne Magnusson** i sin egenhändiga handskriftskatalog (AM. 435a, 4:to) följande anteckning: — "Bokina heﬁ eg feingid aﬁ **Mag.** Jone Tborkelssyne, en hann af Ingibjorgu Palsdottur a Eyri i Seidisﬁrdi."

Handskriften innehåller följande, till större delen i den samma fullständigt bevarade, sagor:

I. **Viglundar saga**, bl. 1—8a; efter bl. 3 fattas 2 blad [1].

II. **Herrauðs saga ok Bósa**, bl. 8b—21a[19]; fullständig [2].

III. **Jarlmanns saga ok Hermanns**, bl. 21a[20]—32b[14]; efter bl. 27 fattas något (troligen blott 1 blad) [3].

IV. **Þorsteins saga bœjarmagns**, bl. 32b[14]—38b[29]; fullständig [4].

V. **Jómsvíkinga saga**, bl. 38b[30]—67a[24]; fullständig, med undantag deraf, att ett stycke är bortrifvet af bl. 39 (jfr nedan) [5].

16 årh., eller kanske än nogare till detta århundrades andra årtionde, eftersom Jón Arason temligen sent (omkr. 1508) borjade studera (jfr Biskupa s. II, 317) och val knappast kan antagas hafva sysselsatt sig med sagors afskrifvande, sedan han (1522) blef biskop.

[1] AM. 510 ar lagd till grund för G. Vigfussons upplaga af Viglundar saga (i Nord. Oldskrifter xxvii, Kbhvn 1860).

[2] Vid sagans utgifvande i Fornaldar sogur III, 191—234 äro varia ter tagna ur denna text.

[3] Outgifven.

[4] Denna text ar lagd till grund vid sagans utgifvande i Fms. III, 175—98.

[5] Vid Jvs.'s utgifvande i Fms. XI. 1—162, äro ett mindre antal varianter samt alla visor, som AM. 510 har utofver de ofriga redd. af sagan, i noterna under texten upptagna ur nämda handskrift. Ett litet stycke ur den samma (bl. 52a[14]—b[4] = sid. 54[19]—[29] har nedan) finnes aftryckt i inledn till Gjessings upplaga af Arngrims lat. ofs. af Jvs. sidd. i f. — De i Bartholins "Antiqvitates Danicæ" (Hafniæ 1689) på flere stallen (sidd. 63, 228 ff., 470 m. fl.) forekommande utdrag ur AM. 510:s red. tyckas deremot ej vara tagna direkte från membranen, utan från någon afskrift, som på ett par

VI. Finnboga saga hins ramma, bl. 67a²⁵—88b²⁷ ¹;
fullständig ².

VII. Drauma-Jóns saga, bl. 88b²⁸—92b²³; fullständig ³.

VIII. Friðþjófs saga hins frœkna, bl. 92b²⁶—96a;
fullständig ⁴.

AM. 510:s red. af Jvs. foreligger äfven i följande,
från nämda membran stammande, pappershandskrifter:

Cod. AM. 13, fol., skrifven af Jón Erlendsson († 1673).
På första permens baksida har Arne Magnusson gjort fol-
jande anteckning: "Jomsvikingasaga ur bok Þorbjargar
Vigfussdottur fra S:ra Þorde Jonssyne a Stadarstad."

Cod. AM. 288, 4:to ⁵. På främre permens baksida har
Arne Magnusson bl. a. antecknat: "Þessi Jomsvikingasaga
er skrifud af Jone Hakonarsyne epter pappirsexemplar in
4:to, sem eg a minum ungum dogum sa hja Gudmundi
Bjornssyne i Hrafnsey." Vidare säger Arne sig hafva jem-
fört denna handskrift med "bok S:ra Þordar Jonssonar"
(— AM. 13 fol.), hvars varianter också finnas i AM. 288
antecknade i marginalen.

Cod. AM. 289, 4:to ⁶. En afskrift af denna bok finnes
i Cod. reg. Havn. 1200 fol. (Ny kongel. Saml.).

---

ställen berigtigats efter Flateyjarbók. — Om den Adlerstam-Ham-
marskoldska upplagans text jfr nedan.

¹ Icke bl. 66—88, såsom GERING (anf. st.) uppgifver.

² Denna text är begagnad for variantapparaten i så väl WER-
LAUFFS upplaga af sagan (Kbhvn 1812), som — med stor noggranhet
— i GERINGS upplaga (Halle 1879).

³ Outgifven.

⁴ Efter denna text ar sagan aftryckt i Fornaldar sögur II,
488—503.

⁵ I Fms. XI äro varianter till Tind Hallkelssons visor upp-
tagna ur AM. 288.

⁶ På denna och foregående hds. grundar sig den Adlerstam-
Hammarskoldska upplagan af Jvs. (Sthm 1815). Denna i visst af-
seende ganska markvardiga bok har tillkommit på foljande satt:
En person vid namn JACOB IXEL (tydligen den bekante "Pagehof-
mastaren," som blef forvisad från Sverige 1756, jfr MALMSTRÖM,

Cod. 'AM. 290, 4:to. En afskrift af denna bok finnes i *Cod. reg. Havn. 1199 fol.* (Ny kongel. Saml.).

Cod. AM. 293, 4:to, fragment, slutande med orden "ok var kallaðr Þorkell" (sid. 31²⁴ här nedan), och skrifvet af Arne Magnusson, som på första sidan gjort denna anteckning: "Hæ chartæ frivolæ sunt et nullius auctoritatis."

En jemförelse mellan AM. 510 och de 5 AM. pappershandskrifterna gifver vid handen, *att de senare alla härstamma från membranen*, hvilket framgår dels deraf, att i denna förekommande fel återfinnas i pappershandskrifterna (oförändrade eller synbarligen af skrifvaren rättade), dels deraf, att dessa senare afvika mera från membranen på ställen, der den samma är mera svårläst. — Den lakun, som i början af Jvs. (jfr ofvan) förefinnes i membranen, förekommer ej i afskrifterna, hvilkas text på detta ställe är fortlöpande: vid jemförelse med membranen finner man

Sveriges historia under Frihetstiden, VI, 233) tog år 1757 i København en afskrift af AM 288, 4 to, hvilken han jemförde med AM. 289, 4:to. Ixels afskrift råkade sedan i händerna på en varm fornvan, kommersrådet M Adlerstam († 1803), som öfversatte texten på svenska samt tillfogade Jvs.'s "förra afdelning" efter Cod. Holm. chart. 85 fol. (jfr ofvan sid. IX not 1): dess utom tyckes A. hafva i den Ixel'ska texten insatt enstaka ord och meningar efter Skálholtsupplagan af Ol Tr. s., (vid sidan af hvilken han måhända äfven begagnat nyssnamde Cod 85 fol.). Det hela renskref han i en ytterst elegant codex (= Cod. Holm. chart. 55, 4:to). Den af A. redigerade texten blef efter dennes död utgifven af den mångfrestande Lorenzo Hammarsköld, som vid utgifvandet jemförde Adlerstams text med Cod. Holm. membr. 7, 4 to och tvenne afskrifter af denna (tydl. Codd Holm. chartt. 17 och 86 fol.), med ledning af hvilka hdss han "förbättrade" texten på ett satt, hvarom man får en forestallning genom att genomlasa de anmarkningar, han bifogar i slutet af upplagan. — Då dennas text således uppkommit genom godtycklig sammanstopning af åtskilliga handskrifters lasarter och dess utom på grund af utgifvarnes bristande insigter (man lase t. ex. de af Adlerstam författade kostliga kapitelofverskrifterna!) hvimlar af de grofsta språk- och tryckfel, är den samma naturligtvis så godt som obrukbar. (Jfr Rasks recension i Sv. Literaturtidning, 1817, n·o 14).

emellertid, att lakunen blifvit i afskrifterna på fri hand
utfyld, och att således *dessa tagits först sedan membranen
redan var stympad.* Så väl af den omständigheten, att
nämda utfyllning är nästan ord för ord den samma i alla
afskrifterna, som ock deraf, att dessa forete större öfver-
ensstämmelser sinsemellan än med membranen, följer, *att
de icke alla kunna vara tagna direkte från denna,* utan att
antingen en af dem (i så fall AM. 13 fol , som står mem-
branen närmast) bildar en mellanled mellan membranen
och de öfriga, eller ock alla pappershandskrifterna stamma
från en numera förlorad afskrift af membranen.

På grund af ofvanstående förhållanden har jag na-
turligtvis vid textens redigerande lemnat pappershand-
skrifterna utan afseende [1].

Vid textens utgifvande har jag ansett lämpligast att
återgifva den samma diplomatariskt, dock med vissa in-
skränkningar, som dels betingas af typografiska förhål-
landen, dels åsyfta att göra texten mera njutbar för lä-
saren. Detta förfaringssätt synes mig vid denna handskrifts
utgifvande vara det enda lämpliga. Normalisering efter
den vanliga metoden — d. v. s. efter mönstret af gamla
handskrifter — kunde svårligen komma i fråga vid utgif-
vandet af en text, som med afseende på så väl språkformer
som uttryckssätt företer en så modern pregel, som denna.
En annan utväg hade varit att företaga en normalisering,
grundad på handskriftens egen och med den samma sam-

[1] Jag har mera omständligt behandlat frågan om pappers-
handskrifterna, enar så val utg. af Fms. XI som GJESSING (anf.
arb. sid. I) tyckes hafva ansett mojligt, att de kunna ega sjelf-
standigt värde. Visserligen foreter AM 288 i en visa (81¹² -82⁶
här nedan) vida battre läsarter än AM. 510 (jfr Fms XI, 137),
men detta beror tydligen derpå, att AM 288·s skrifvare känt
namda visa från annat håll (från någon handskrift af Heims-
kringla?); i ofriga visor äro AM 288.s lasarter samre an mem-
branens och tyckas hafva uppkommit genom ytterligare förvridning
af dessa.

tida handskrifters ortografi; men denna metod har synts mig olämplig på grund af den stora svårigheten att uppstalla regler för en dylik normalisering, vid hvilken för öfrigt godtycket alltid skulle fått ett stort spelrum.

De afvikelser från membranens skrifsätt, hvilka jag ur ofvan angifna synpunkter vid textens återgifvande i tryck vidtagit, äro hufvudsakligen foljande:

1) *Alla forkortningar hafva blifvit upplösta*, hvarvid dock handskriftens beteckningssätt angifvits i noterna, så ofta mera än ett upplösningssätt varit tänkbart.

Vid förkortningarnas upplosning har jag städse sökt taga hänsyn till i hds. forekommande fullt utskrifna former. I några fall, då sådana ej i hds. påträffats eller på gruud af sitt vacklande skrifsätt ej erbjudit tillräckliga kriterier, har jag använt de former, som synts mig mest öfverensstämma med den eljest i hds. rådande ortografien.

Tecknet ⁊ har jag — i de fall, då det ej betyder blott 'r', såsom i e*r*, e*ru* m. fl. ord — återgifvit med 'er', så väl i ändelser, der denna bokstafsförbindelse i hds. är vida vanligare än det blott sparsamt förekommande '-ir', som ock vanligen i stamstafvelser. Dock har jag stundom på grund af de utskrifna formerna funnit mig föranlåten att på annat sätt återgifva detta tecken, neml. dels med 'ior', i former af verbet g*ior*a och det deraf härledda adjektivet; dels med 'æ*r*' i u*ær*i o. d. ord; dels med 'i e*r*' på alla ställen, der den normaliserade ortografien fordrat 'é*r*' [1].

Tecknet ² har jag öfver allt återgifvit med 'u*r*', utom i orden f*yr*, f*yr*st, k*yr*t, sp*yr*, hvilka, då de förekomma oförkortade, alltid förete detta skrifsätt.

Tecknet ω betyder alltid 'ra', utom i þ*essa*rar 30²⁶, b*ard*aga 70²ᵇ. I ba*rd*az 21⁷ kan upplösningen vara tvifvelaktig (h*rad*az?).

I likhet med andra yngre hdss. iakttager AM. 510 ingen bestämd skilnad mellan enkla och dubbelskrifna

---

[1] Normalt 'é*r*' betecknas i Jvs. blott 12 gången med 'e*r*', men deremot omkr 280 gånger med 'i e*r*' eller ı⁊.

konsonanter. Det har derföre i de fall, der en upplöst förkortning gifvit en vokal med efterföljande konsonant, stundom varit svårt att afgöra, huru vida denna senare bort återgifvas enkel eller dubbel. Rörande det förfaringssätt, jag härvid följt, anser jag mig böra meddela följande:

Då hds. i öfverensstämmelse med nyisländska uttalet (om ock icke skrifsättet, jfr GISLASON, Oldn. Forml. sid. 33) oftast (i inemot 60 fall af omkring 75) i substantivens nsgf. best. form, i adjektivens asgm. obest. form samt i adverb på -an har dubbelt 'n' (vanl. betecknadt n̄), så har jag på dylika ställen, äfvensom — i analogi dermed, om ock mera godtyckligt — i femininer på -an (så 55²⁵, 79³⁵, 99³ m. fl. st.) alltid återgifvit " med -ann '. Likaledes har jag i öfverensstämmelse med hds.'s bruk, skrifvit dubbelt 'n' i gplf. best. form af substantiven (så t. ex. hefnd*anna* 6²⁹), afvensom vid upplosandet af m̄ (= mann), h̄ eller h̄n (= hann), þ̄ (= þann).

Vidare har jag äfven skrifvit dubbel konsonant på en del ställen, der ᶜ på grund af utskrifna former synts mig böra återgifvas med 'ck' (med föreg. vokal) nemligen i orden *nock*ur ², *þick*ia ³, *fock*, *geck*.

I alla andra fall, der en upplöst förkortning gifvit en vokal med följande konsonant, har jag skrifvit den senare enkel, och tror mig dermed hafva kommit närmast hds.'s bruk och tidens uttal ⁴. —

---

¹ Måhända hade jag på sådana ställen äfven bort återgifva hds.'s -ä med -ann i st. f. med -an, äfvensom -n med -inn (jfr GISLASON, anf. st.) i st. f. med -in.

² Pron. nökkurr skiifves nᵉur o. s. v. (28 ggr) eller nᶜr o. s. v. (11 ggr); utskrifvet forekommer uockur o. s. v. 14 ggr; blott en gång (nockrer 62¹⁷) forekommer en utskrifven form utan 'u'.

³ Former af verbet þykkja förkortas i hds. vanligen þᶜia o. s. v., hvilket återgifves med þickia o. s. v. (så utskrifvet på 20 ställen, men blott 3 ggr [12²², 41¹⁸, 100⁶] med enkelt k)

⁴ Särskildt märkes, att normalt 'rr' i hds. oftast — isht i slutljudet, men ofta äfven i midljudet, (t. ex þessarar 7³⁰, 98¹³, annara

I orden ok, ek, mik, þik, sik, mjök är 'k' i hds. mycket ofta uppmjukadt till 'g', om ock detta senare ej forekommer fullt så ofta, som det förra [1]. Då väl emellertid det öfvervägande bruket af 'k' ej kan anses hafva berott på skrifvarens uttal, utan snarare torde härröra deraf, att denne varit böjd för att arkaisera eller låtit sig påverka af foreliggande äldre originals ortografi, och då 'g' i de ifrågavarande orden ju är det i hdss. från denna tid vanligaste skrifsättet, så har jag återgifvit tecknet ƶ samt förkortningarna e^c, m^c, þ^c, s^c med resp. og, eg, mig, (miog 43[11]), þig, sig.

Adv. svá skrifves omvexlande so och suo; vanligen förkortas det s°, som jag upplöst so, hvilken form dels är den oftast (ungefär dubbelt så ofta som suo) förekommande, dels torde öfverensstämma med tidens uttal.

f' har jag upplöst firer, ty fir[7] förekommer 4 gånger (fyr[7] blott en gång).

e^i har jag återgifvit med eigi [2], ty så skrifves 92[22] (eige 78[9]), och 54[11] förekommer samma beteckning för 3 sg. pr. konj. af eiga.

e' har jag återgifvit med eda (så utskrifvet 11[34], 63[31], 93[37]; edur blott 34[30]). — e[2] betyder naturligtvis edur.

Prep. við skrifves u^d (= vid, blott 2 gånger), u^t, v^t (= vit) samt oftast u', v', som jag alltid upplöst uit, hvilket skrifsätt i fullt utskrifna former förekommer ungefär 3 gånger så ofta som uid.

h' har jag efter omständigheterna upplöst hefi 95[10]; hafi 44[17], 54[22], 54[24], 54[26]; hafdi 55[1].

55[4], nockurar 13[2]), — skrifves enkelt (såsom i nyisländskan, jfr Gislason, Oldn. Forml. sid. 33), hvarfor upplosningarna fer, annar, annara o. s. v. torde vara de enda riktiga.

[1] Sålunda träffar man i Jvs.. 36 ok mot 19 og, 34 ek mot 12 eg, 2 þik mot lika många þig; deremot skrifves alltid sig och miog.

[2] 33[12] är dock denna upplosnings riktighet tvifvelaktig; jfr noten till detta ställe.

u° har återgifvits med uoru, som finnes utskrifvet på flere ställen.

h° återgifves af samma skäl med hun.

Adj. mikill (vanligen förkortadt m^cll o. s. v.) skrifver jag, i enlighet med hds.'s bruk, i osammandragna former mik- (så hds. 3 ggr; mick- 2 ggr), i sammandragna myk- (så hds 4 ggr; myck- 2 ggr).

1 sg. och 1 pl. ind. refl. form ändas i utskrifna former på -unz (så inom Jvs. 8²⁹, 24¹, 72¹¹); i enlighet härmed har jag i dylika former städse upplöst förkortningen -n̄z till -unz.

mli, mlti, mlt har jag återgifvit med mællti, mællt, eftersom 'l' framför dental i hds. oftast fördubblas (på omkr. 180 ställen af inemot 210); dess utom har hds. mællt 44⁵, 50³¹ samt på flere ställen utom Jvs. så väl mællti som mællt (men dock mælte 60¹).

Af samma skäl upplöser jag skt, sktu, skdi etc. till resp. skallt, skalltu, skylldi etc.

þra, þrar, þrı (aldrig utskifvet i Jvs., men på ett ställe i Jarlmanns saga ok Hermanns läses þeirre) har återgifvits med þeirra etc.

kgr, kg² har upplösts kongr, kongur; i Jvs. förekommer ordet ej utskrifvet, men på ett ställe i Friðþjófs saga skrifves kongar.

Vid upplösning af ggr och liknande förkortningar har jag i öfverensstämmelse med hds.'s skrifsätt begagnat diftongen 'ei' (ej 'e').

ora har jag upplöst oruzta med anledning af skrifsättet 65²⁰.

ld har jag öfver allt återgifvit med land (icke lond) ¹.

Nom. propia samt ordet jarl m. fl. betecknas vid oftare upprepning vanligen med blotta begynnelsebokstäfverna. Med stöd af utskrifna former och analoga ortografiska förhållanden har jag skrifvit:

_____

¹ 37⁴ förekommer visserligen Siolanda, men häraf kan ej slutas, att pluralis ofverallt bort användas, ty 31¹⁷ läses Sialandi.

Nom. Haralldur, gen. Harallz ¹.

Nom. Palner ², öfriga kasus Palna ³.

Nom. Sueinn ⁴, gen. Sueins, dat. Sueini, ack. Sueinn ⁵.

Nom. och ack. sing. iarll ⁶, gen. iarls ⁷, dat. iarlli. Då ordet jarl varit betecknadt med blotta begynnelse-bokstafven, har jag, måhända något godtyckligt, alltid återgifvit det samma i obestämd form ⁸.

I namnen Biorn och Vagn (likasom i allmänhet, då 'n' i slutljudet följer på konsonant) vacklar hds.'s bruk mellan dubbelt och enkelt 'n'; jag har vid förkortningars upplösning städse användt det senare skrifsättet.

Namnet Hákon skrifves i hds. omvexlande med '-k-' och '-c-'; oftast förkortas det Hac.', Hc', som jag upp-löst Hacon.

m.' har öfver allt återgifvits med mællti, ku.' med kuat, så vida icke annorlunda anmärkes.

.f. såsom beteckning för anföringsord har jag städse upplöst seger, utom på ett par i noterna anförda ställen, der sammanhanget fordrat annat upplosningssätt.

2) *Olika former af samma bokstaf hafva återgifvits med ett och samma tecken;* sålunda 'r', 'ɪ' och 'ʀ' = 'r', 'i' och 'j' — 'i', 'u' och 'v' (hvilka begagnas utan all åt-skilnad i betydelsen och stundom äro svåra att särskilja) = 'u'; tecknet 'ꜳ' har dock bibehållits, enär det i vår text endast förekommer som tecken för normalt 'á' (om-vexlande med 'a'). — I sammanhang härmed anmärkes,

---

¹ Så hds. 4 ggr, Haraldz 1 gång.

² Så hds. 1³, 1³⁰.

³ Så hds. 1¹².

⁴ Så hds. 15 ggr; Suein 3 ggr, deraf 2 ggr Suel (= Sueinn).

⁵ Så hds. 3 ggr, Sueinn blott 11²⁴.

⁶ Så hds. 7 ggr, iarl 1, iall 2 ggr.

⁷ Så hds. 4 ggr; iarlls, iarllz, iallz hvardera 1 gång.

⁸ Om man bortser från visorna, så finner man inom Jvs. på sådana ställen, der lika så väl bestämd som obestämd form af detta ord varit tänkbar, den förra utskrifven 63²⁶, 79³¹, 91², den senare 31⁸¹ och 62²³ (första stället).

att de accenter, som stundom förekomma i hds., icke återgifvits i aftrycket [1].

Då 'u' (v) och 'i' (j) i hds. finnas använda som siffror, har jag emellertid af lätt begripliga skäl bibehållit så väl skilnaden mellan 'u' och 'v', 'i' och 'j', som ock de öfver 'i' (j) möjligen befintliga accenter.

3) *Skiljetecken och stora begynnelsebokstäfver hafva införts i enlighet med nyare språkbruk*, hvarjemte jag (med bihållande af hds.'s indelning i kapitel, hvilka jag försett med ordningsnummer), efter innehållet afdelat texten i mindre stycken, hvarigenom läsuingen underlättas och öfversigtligheten ökas.

I sammanhang härmed bör jag nämna, att jag på ställen, der de olika delarne af sammansatta ord i hds. förekomma skrifna åtskils, i aftrycket förbundit dem genom bindestreck [2], derest det normaliserade skrifsättet [3] fordrat sammanskrifning.

4) *Uppenbara fel hafva rättats*, dock städse med anförande i noten af hds.'s läsart. Derjemte hafva uteglömda ord och bokstäfver tillsatts inom ( ) och utplånade eller bortrifna dylika inom [ ] (jfr nedan sid. 2). Vid dessa rättelser har jag dock ansett mig böra gå till väga med stor försigtighet, enär det ofta varit svårt att afgöra, huru vida fel verkligen forelegat [4], eller icke snarare hds.'s läsart

---

[1] Med undantag af de ofta förekommande, ur språklig synpunkt betydelselosa, accenterna öfver 'i' och 'j' och de föga vigtigare accenterna öfver 'æ', träffar man inom den här utgifna texten accenter blott på följande ställen: áhyggja (2 accenter) 64¹, sár (2 d.o) 70¹¹, dán (2 d o) 71¹⁰, skálld 72¹, hált 97¹¹, Norégr 57¹⁷, 57¹⁰, mést 64¹⁰, ferdénn 58¹⁴, hiét 65¹¹, allfiæré 67¹², spiotét 69¹⁰. Skrifsattet spiotét, ferdénn, allfiæré har helt visst uppkommit derigenom, att skrifvaren tyckt sig hafva skrifvit spiotit etc.

[2] Derest i aftrycket sammansättningsdelarne kommit att stå på olika rader, hafva dubbla bindestreck (-|-) användts.

[3] Ur "normal synpunkt" oriktig sammanskrifning (af preposition med dess kasus) förekommer i hds. blott på några få ställen, hvarest jag utan vidare åtskilt orden.

[4] Sålunda förefinnas måhända fel äfven på följande ställen,

härrört från skrifvarens uttal [1] eller från ett nyare språkbruk [2], hvarpå denna text erbjuder många exempel. På en del ställen, som förefallit mig misstänkta, men hvarest rättelse ej synts mig ovilkorligen nödvändig, har jag för den skull åtnöjt mig med att i noten anmärka förhållandet. — Äfven har jag i noterna anfört alla af skrifvaren sjelf gjorda rättelser.

Vid aftryckandet af de i texten förekommande *visor* har jag ansett ett noggrannare återgifvande af hds. vara af nöden, hvarföre jag icke vidtagit andra afvikelser från den samma än förkortningarnas upplösning och angifvande med kursiv stil hvarjemte jag afdelat stroferna i rader med ledning af de (i aftrycket ej återgifna) punkter, som i hds. angifva slutet af hvarje vísuorð.

De i texten befintliga visornas kritiska och exegetiska behandling ingår icke i planen för denna skrift. Jag har emellertid sökt att af de samma åstadkomma ett så troget aftryck, som det varit mig möjligt, och

hvarest jag dock icke ansett mig bora företaga ändring: 14[24], 27[20], 28[1], 28[16], 42[23], 44[1], 53[23], 55[2], 55[23] (orden ˮso at ei sie herr min epter i Einglandiˮ äro här helt visst origtigt inkomna i texten), 56[20] (samma förhållande tyckes här ega rum med orden ˮhann medannˮ), 64[24], 65[10], 69[2], 76[2], 79[12] m. fl. st.

[1] Så är väl förhållandet med silgdı 14[2], teingls 75[7], 84[29], Vinland 27[23] m. fl. st., harlda 84[16], måhanda äfven med sumarins 10[16] (jfr Hervarar saga, ed. Bugge [Kristiania 1873] sid. 314[31]), daul 25[16] (jfr Cederschiöld, Bandamannasaga [Lund 1874] sid. XII), hofdinga 7[21], streinga 56[17], kveika 29[16], þickaz 18[21], 24[1], skilaz 15[2], gauga 17[7] m. fl.

[2] Forutom en del andra nyare former som sporadiskt förekomma redan i äldre hdss., finner man i AM. 510 följande, som tyckas värda att särskildt påpekas Asg. af maskulina ·ja-stammar är stundom = nsg. (så 37[11]); kompar. mask. af adjektiven har stundom kas. obl. i sing. — nsg. (så 7[16], 30[9], 43[2] m fl. st.); 1 pl. pr. konj. andas ofta på ·um, samt plur. af pret. konj. på ·um, ·ut, ·u (stundom är dock svårt att veta, om ınd. eller

hoppas att derigenom hafva gifvit textkritiken ett något
säkrare underlag, än som erbjudes genom den i Fms. XI
lemnade normaliserade texten [1].

---

konj. åsyftas); 1 sg. och 1 pl. ind. refl. form ändas på -unz (jfr
ofvan sid. XXXIV); stundom träffar man former som hofdingie,
uilie, sitie, leggie o. s. v. för hofdingi etc.; eirn f. einn
förekommer 90⁴, 95¹¹; þui f. hui, ofta; siert som 2 sg. pr. konj.
af vera, ofta; giordur (part. pret. af giora) 21¹¹ o. s. v. — Re-
lativpartikeln är ofta utelemnad (stundom väl rent af uteglömd),
jfr 15³, 18¹, 23¹⁶, 27¹¹, 31¹⁹, 37²⁵, 50³ m fl. st. Äfven personliga
och demonstrativa pronominer utelemnas jemförelsevis ofta.

[1] Förutom åtskilliga genom den något godtyckliga normali-
seringen foranledda oegentligheter innehåller nämda text äfven
följande uppenbara fel: I st. f. 'odur' 69¹⁸ har Fms. XI: áðr; f.
'utann' 69¹⁷: utar; f. 'jðrunzt' 72¹¹: yðrunst; f. 'drept' 72¹¹. drepr;
f. 'uandar' (?) 74¹³: varðar, f. 'nidur' 82⁴: vidr; f. 'ædra' 82⁶:
æðru; f. 'næte' (?) 82¹⁰: nære; f. 'uirdri' 82¹⁹. viðri, f. 'gundlar'
83¹⁰: Göndlar: f. 'nunnar' 83¹⁴: minnar, f. 'veggurs' (?) 83¹⁴:
veggs, f. 'hauga' 35¹⁹· haugz, f. 'þrytt' 85¹¹ þreytt: f. 'fiarre' 86²:
firri; 86¹¹ har hds. tydligt 'nu' (icke 'm', jfr Fms. XI, 141, not.
5); f. 'þiónguar' 87¹⁸ har Fms. XI: þrongvar: f. 'dauru' 87³¹:
dorrinn.

JÓMSVÍKINGA SAGA.

Siffror inne i texten, åtfoljda af bokstafver samt om-
slutna af klammer, hanvisa till motsvarande blad och blad-
sida i Cod. AM. 510, 4:to (= *hds.*).

Siffror i yttre marginalen hänvisa till motsvarande sidor i
den Adlerstam-Hammarskoldska upplagan af Jómsvíkingasaga
(Sthm 1815).

( ) omgifver af skrifvaren utelemnade ord och bokstäfver, som af
utgifvaren blifvit i texten insatta.

[ ] omgifver i texten de utfyllningar, som med någorlunda säker-
het kunnat goras på ställen, hvarest handskriften är stympad
eller skriften utplånad.

[i horjan af en not motsvaras af ett liknande tecken uppe i
texten och utmärker, att noten har afseende på alla de ord,
som i texten stå mellan tecknet och notsiffran.

I.

Madur er nefndur Toki [1]; hann uar i Danmork i ²⁶ hieradi þui, er ꞙa Fione hiet. Toki uar rikur madur og mikill firer sier; Þoruaur het kona hans. Toki atte sier .ííj. sonu, þa er nefnder eru; Aki het enn elzti son ₅ hans; Palner het annar, sa er honum uar næstur at alldre; [39 ꞗ] enn yngzti heit [2] Fiolner, hann uar frillu--son. Toki, fader þeirra, uar þa gamall madur, er þetta uar tidinda.

Þat uar eitt haust, at Toki tok sott og andadiz ur ₁₀ sottenne. Eigi lidu langar stunder fra andlati Toka, adur Þoruaur tok sott og andazt ur, og bar þa alla erfd under þa Aka og Palna [3]; toku þeir allt fe epter fodur sinn og modur sina. Ok er so uar komit, spurdi Fiolner brædur sina, huad þeir ætludu honum af arfinum og fe ₁₅ þui, er fader þeirra hafdi att; þuiat þat uar mikill audur, ²⁷ er þeir brædur erfdu, bædi i londum og lausa-fe. Þeir brædur saugduz mundu midla honum þridiung af lausa--fe, en ecki af londum; enn Fiolner mællti til þridiungs [4] [allz] fiar, so sem hann uæri arfgeingr; enn þeir Aki, og Palner saugduz eigi mundu midla [honum meira,] en so

---

[1] *Af skrifvaren andradt från* Aki. [2] *Så* (= hét) *har och på flere stullen i det följande.* [3] *Så.* [4] *En del af bladet är harefter bortrifven, hvarigenom alla de följande raderna till handskriftssidans slut blifvit stympade. Endast sådana utfyllningar aro i texten uppǫagna, till hvilka man med någorlunda sakerhet kan sluta af sammanhanget eller med ledning af de andra redaktionerna af sagan (foretradesvis Cod. AM. 291, 4 to och Flatøboken) Då utfyllning efter denna grundsats ej varit mojlig, beteckna i texten insatta punkter det antal bokstafver, som — forkortningarna oberaknade — ungefar kunna antagas hafva fått plats på de felande stullet.*

sem þeir hofdu bodit. Enn Fiolner let sier þat illa lika,
er hann hefdi [1] eigi ia........[2] uit þa [3] brædur sina,
og kuezt þat ætla, at hann skyldi nockut sinn uera ra
moti [þeim. Og fer hann] ra burt med þessum fiar-hlutum
uit so buit; og for hann, þangat til er hann kom ra fund [5]
[Harallz kongs] Gormssonar, og giordiz Fiolner honum
handgeingenn; hann uar radgiafi kongs. [Uar Fiolner
uitur madur, radugur] og illgiarn, enn kongr uar eigi
diupsettur. Þat er sagt, at þegar Fio[lner]..........[4]
Haralldi kongi, at hann rægdi brædur sina uit kong.   10
Þenna tima uar eing[inn madur sa i Danmork, at]
meire hofdingie uæri en Aki Tokason, þegar Haralldur
kongur..................[5] meira tignar-nafn. Aki uar
i uiking huert sumar og heri[adi]..........[og hafdi
iafnann] sigur, þar sem hann bardiz, og honum uard gott [15]
28 til fiar og mannuirding[ar]...................[6] uetrum
og iafnann huers-dagliga fiolmenne mikit og helt [7] ......
.... Aki uar uitur madur og uingodur; hann
uar so uinsæll, at hann atti uin [8] um...............
....sottu og marger menn ra ualld Aka, er kongur þotti 20
hardur. Fiolner...................[9] Aki uar so frægur
og uinsæll.

Þat er sagt, at Haralldur kongur og Fi[olner].....
.............[10] uæri mester i landinu, þegar kongur leid.
Kongur seger, at honum le[iz so, sem Aki uæri hinn me]ste 25
hofdingie. Fiolner seger: "Bratt skalltu reyna uingann
hans til yduar, þo .... eg em yduar
madur nu og skylldur at segia ydur þat, er uardar ydru

<hr>

[1] e *otydligt*.   [2] *Möjligen har här stått*: iafnmıkinn hlut   [3] *1
margen*.   [4] *Det felande troligen*: uard handgeingenn   [5] *Det felande
möjl.*: leid, þuiat kongur attı (?)   [6] *Det felande kanske*: sat hann
heima i Danmork sa, *i hvilket fall* hafdi *får anses vara uteglömdt
framfor det följande* iafnann   [7] *Det bortrifna kan t. ex. hafva varit*:
hann sinum monnum uel og uirduliga   [8] *Otydligt*.   [9] *Det fe-
lande torde ungefar hafva varit*: undi uit it uesta, er   [10] *Här
saknas trol.*: ræddu um med sier, huerer menn er (*ell. ngt lik-
nande*).

riki . . . . [1] at Aki dregur lid mikit under
sig, þuiat hann lætur menn sætta [2] til þess . . . .
[Seger Fiolner, at] Haralldur mundi eigi leingi kongur
uera yfer Daumork, ef hann leti Aka . . . .
[5] . . . [3] þier [uitit eigi hans uælrædum [4]; er ´þat yduart
gialld." Kongur hlydur að þat, e[r] . . . . [5]

II.

Aki uar mikil uin Ottars iarls i Gautlandi, og for Aki
þangat [eitthuert sinn at heimbodi til Ottars iarls.] Aki
hafdi .íj. lang-skip; uar anat drecki godur, eun annat [29]
[10] sneck[ia; hann hafdi að þeim skipum .c. manna, og uoru]
þeir aller uel buner at uopnum og klædum; ecki er þess
getit, at [nockut uard til tidinda um ferd þeirra.]
      Aki þa þar godar giafer af Ottari iarlli, adur þeir
skilldu, og for Aki h[eim sidann til Danmerkur. Nu fret]ter
[15] Fiolner, at ́Aki uar farinn til Gautlandz, og seger kongi
þat og bidur hann . . . . og seger, at Aki
hafdi lid mikit dregit under sig af odrum londum til . . . .
. . . . ["hefer] [39 b] þetta flærd ein uerit uit ydur i
þessi ferd; megi þier nu reyna, at eg uil ydur heil-radur
[20] uera, þott skylldur madur eige hlut i; ok eigi muntu ein
kongur uera yfer Dana-uelldi, medan Aki er (að) lifi." Enn
med þui at kongr uar talhlyden og eigi diupsær, enn
Fiolner uar bædi slægur og illgiarn, þa leggur kongr
trunad að þat, er Fiolner ló.

III.

[30] Haralldur kongr let þa fram setia .x. skip; let hann
þar ganga að .ccc. manna og .xxx. mot Aka, er hann fer
fra bodinu, "og skulu þier drepa hann og allt fauruneyti

---

[1] *Framfor at har val stått:* So segia menn *(eller ngt dylikt).*
[2] *Så.* [3] *Det felande mjl.:* brodur hans, uera að lifi, þuiat [4] *[Så*
hds. Möjl. aro orden skyn aa *uteglomda framfor hans* [5] *Det*
förlorade har val varit. Fiolner sagdi *(eller något dylikt).*

hans sem skiotazt, ef so uill takazt." Þeir fara sidann og
hallda niosnum til Aka, og uar þeim þat hægt, þui [1]
[hann] uisse sier einskis otta uoner.

Nu er fra þui at segia, at Aki kom uit Iotland i
Danmork; ganga þeir [af s]kipum sinum, og tioldudu þeir [5]
a landi; og (er þeir) [2] uoru buner til þess, logduz þeir
[10] nidur til suefns [og letu] eingi uard-holld hafa yfer sier.
Og er nattadi, komu þar [3] menn Harallz kongs a ouart;
Aki . . . . og aller menn hans. Kongs-menn letu þegar
drifa a þa oruar og onnur uopnn, og felldu [a þa tioldin]; [10]
uar þeim kongs-monnum auduelt um at ganga, er þeir
Aki og hans menn uoru ecki uit buner og lagu firer . . .
. . . . [lykur þar so] med þeim, at þar lezt Aki og allt lid
hans. Og epter þat foru kongs-menn heim-leidis, [þar til
er þeir koma] a fund kongs, og seigia honum, at Aki is [15]
uar drepen med sinum monnum; og leit [4] [kongur uel
yfer þui og le]z nu uænta þess, at Aki mundi eigi uera
kongur yfer Danmork heidann af. [Þeir kongs-menn, er
drepit hof]du Aka og menn hans, toku allt fe, þat er Aki
hafdi att, og þar med [skip hans, drekann og sneckiuna, [20]
og] færdu [5] Haralldi kongi, og kastadi hann [6] sinne eigu
a allt þat fe . . . . [F]iolner, broder Aka,
þottiz nu miog hafa upp geingit uit þetta [og goldit Aka,
er hann nadi eigi fe] þui, er hann hafdi til kallat.

Þessi tidinde spurduz uida og mælltiz . . . . 25 [25]
. . . . [7] hofdinge uar drepin saklaust. Og er þat
frettiz a Fione, þicker [þat so mikit Palna, at hann
leg]gz i reckiu og gaer eigi rikis sins; og bar þat mest
firer, þuiat . . . . [8] [h]efndanna uit Haralld
kong, med þui at hann uar eigi so riklundadur madur, [30]
sem Aki, broder hans, ne so skape farenn.

---

[1] *Jfr ofvan sid. 3, not. 4.* [2] *Genom ett tecken utmarker skrif-*
varen, att han uteglomt något, hvilket väl stått i den bortrifna
marginalen. [3] *Under raden.* [4] *Så (= lét).* [5] *færdi hds.* [6] *Öfver*
raden. [7] *Det forlorade kan hafva varit.* þat auallt illa firer, er so
mikill [8] *Det förlorade trol..* honum þotti eingi uon (*eller något*
snarlikt).

IV.

[M]adur er nefndur til so]gunar, er Sigurdr heit; [uar
hann fostbroder þeirra br]ædra; hann uar uitur madur
og so heilradur, audugur at fe. Sigurdr.............. 31
.... er þat, er þu hefur mist Aka, brodur þins, þo
5 at þier bui [1]................... þat, mællt og er satt,
at sialfann sig skal huerr mest meta, enn...............
.....uit hefnder." Palner leitar þa rada under Sigurd,
huer-nninn med skal [fara].................. [2] [eg til [3],
at þier se bedit konu, og mun eg fara, ef þu uillt; og
10 hygg so af................... [4] skal eg konu bidia?"
Sigurdur suarar: "Dotter Ottars iarls er meyia friduz,
er.............. [fader] hennar er rikur og fiolmennr;
hann hefur uerit uinur brodur þins Aka. Dotter iarls
.... mikil skorungur; þat mundi þier
15 harms-bot, ef þu feinger þessa konu." Palner [seger:]
.... di, munda eg hellz unna [5] af harmi
minum; hygg eg þat uera ma, at................. rek
min, og uili hann ecki gefa mier meyna."
Nu slita þeir tali.............. [byr] Sigurdr
20 ferd sina og eitt skip til þessarar ferdar, og hefer hann
.lx. manna, og ko[m a]ma uit Gautland, og fara þeir a [6]
fund Ottars iarls, og tekur hann uel uit þeim Sigurdi
(og) hans monnum [7]; og seger Sigurdur erynden og berr
fram kurteisliga og uirduliga, og bad dottur iarls til
25 handa Palna, og seger hann eigi skorta mikit fe og sæm-
iligt riki a Fione, enn [madurinn likligur [8] til gods 32
hofding(i)a, — og kalladi [Palner sig [9] i aunguann stad
minne [10] mann, enn Aka, brodur hans, — enn sagdi lif

---

[1] Otydligt. [2] Möjl. har har stått: Sigurdr suarar: "þat rad
legg [3] Mycket otydligt. [4] Det forlorade kan hafva varit: harmi
þinum." Palner seger: "Huar [5] Så (= una). [6] Öfver raden.
[7] m̄ hds. [8] Så. [9] p.' sig hds. Skrifvaren tyckes har hafva miss-
förstått sitt original, som möjl. haft sig.' p.' (= Sigurðr Pálna)
etc., eller kanske alldeles saknat ordet sig (Jfr Fms. XI, 48' och
Flat. I, 155.[11]) [10] Så.

Palna ligia uit firer harms saukum, adur enn [1] for heimann,
og kuad honum falla so þungt strid epter brodr sinn,
enn kuad þa þetta hellz til bata, ef hann feingi þetta rad.
Iarll suarar og kuez þat ætla firer saker brodr hans, at
hann mundi godur kostur uera. "Enn þat hefi eg frett," [5]
seger iarll, "at Palner er litill skaurungur, enn ecki mundu
uier leinge æ þat horfa, ef hann uæri likr Aka, brodur
sinum; enn sialf skal hun sia rad firer sier."

Nu talar Sigurdur uit hana, og seger hun so og let
likligt þickia, at henni mundi hugnaz rikit æ Fioni og so [10]
madurinn, ef hann uæri likur Aka, brodur sinum; "og
firer þui munu uier eigi neita [2] þessu radi." So lauk,
at Palna uar heitit konunne.

Þa mællti Sigurdur til iarls: "So er hattat, herra!
at Palner mun eigi fær til at sækia hingat ueizluna firer [15]
saker uanmegns [3]; enn eigi skorter hann fe til ne stor-
mennzku at giora uirduliga ueizlu, og uilium uier þess
bidia ydur, at þier sækit ueizluna æ Fion." Og þui heiter [4]
iarll honum; og sidann fer Sigurdur heim og seger Palna
þesse tidinde, og lettiz honum mikit uit þetta; og sidann [20]
bua þeir ueizluna at ollu sem uirduligazta.

Og at nefndum tima-degi [5] kom þar Ottar iarll æ Fion
og mikit lid med honum, og uar þar enn uirduligazta ueizla,
og druckit uegliga brudhlaup Palna. Og ed fysta kuelld,
er þau komu samann i sömu sæng, Palner og Ingebiorg, [25]
sofnar hun skiott, og dreymer hana draum; og er hun
uaknar, seger hun Palna draum sinn. "Þat dreymde mig,"
seger hun, "at eg þottunzt staudd uera æ þeim bæ, sem
nu em eg; eg þottunzt eiga uppi gran uef af line, og
uar litid ofit af honum; mier þotti uefuren reckia Harallz [30]
kongs, og þar la hann i; manna-höfud ein þotti mier
kliaerner æ uefnum," og þar sier hun, at af hafdi fallit
eitt höfudit i midium uefnum æ bakit, þar sem sizt matti
æn uera, og eigi matti uerkit fram flytiaz firer þui; "þa

---

[1] hann bör kanske insattas. [2] Gissning; nema hds. [3] u"megn"
hds. [4] Så. [5] Så hds.; måhanda bör tima strykas.

tok eg upp eitt hofud mikit ur serk mier og liet koma
a uefinn i stadinn, þar sem af hafdi fallit;" og þat sama
hofud syndiz henne, sem fielle af uefnum og i reckiu ³⁴
Harallz kongs, og yrdi honum at bana hofudit; epter þat
⁵ uaknade hun. Palner sagdi, at þetta uæri betur dreymt
enn ódreymt; og lykur ueizlunne, og fara menn heim med
uirduligum giofum.

V.

Samfarer þeirra Palna og Ingebiargar uoru godar, og
snyz rad Palna nu til sæmdar hedann i fra. Og þegar
¹⁰ so matti uera firer stundar saker, gatu þau Palner son
og Ingebiorg; og er hann uar fæddur, uar þeim sueine
nafnn gefit, og kalladur Toki. Hann uex þar upp heima
a Fione, og uar hann snemma bædi uitur og uænn og
uinsæll, og auugum manni uar hann iafn-likur at ollu,
¹⁵ sem Aka fódur-brodur sinum; hann uar sidann kalladur
Palnatoki Og er hann uar litt af barns-alldri komenn,
tok fader hans sott og andadizt; en Palnatoki tok þar
mykla fiar-hluti, bædi lond og anat fe, epter fódur sinn,
og red hann þar firer a Fione med modur sinne.
²⁰   Þat er sagt, at þegar Palnatoki hafdi alldur [10 b]
til þess, at hann uar i hernadi a sumrum. Hann hafdi
heimann .xíj. skip hid fysta sumarit og heriadi hann uida
um lönd og afladi sier so mikils fiar og frama. Ok eitt- ³⁵
-huert sumar, þa er Palnatoki uar i uiking og hafdi
²⁵ morg skip og miken afla, — i þenna tima red iarl sa
firer Bretlandi, er Stefner het; hann atte dottur eina, su
er nefnd er Alof, uitur og uinsæll og kuena friduz synum,
og uar hun godur kostur, so at storu bar. So er sagt,
at Palnatoki kom þar uit Bretland, sem Stefner iarll atti
³⁰ riki, og ætladi Palnatoki at heria a riki iarls. Ok er
þat spurdi Stefner iarll og dotter hans, þa giordu þau þat
rad med sier og ¹ radi Biarnar, fostra sins, er kalladur uar

---

¹ at eller med bör kanske här insattas.

en breski, at þau budu Palnatoka þangat til sin til ueizlu,
ef hann uilldi eiga þar fridland og heria eigi :n riki iarls,
ok þat þektezt Palnatoki; og fer hann til ueizlunar med
ollu lidi sinu. Og er Palnatoki sat at þeirri ueizlu, sier
hann frida dottur iarls, og hefer hann uppi ord sin og ₅
₃₆ bidur hennar sier til handa; og uar þat audsott uit iarll,
og uar honum heitit konunni; og sidann uar hun faustnud
Palnatoka, og situr hun nu eigi lengur i festum enn so,
at þa uar þegar druckıt brudblaup þeirra; og feck Palna-
toki þa dottur Stefnıs iarls Alofar, óg þar med uar Palna- ₁₀
toka gefit iarls-nafn og halft riki Stefnis iarls; enn
Palnatoki atti ¹ allt riki epter hans dag, þuiat Alof uar
einberni iarls

Palnatoki uar i Bretlandi þat er epter uar sumar(s)ins
og um ueturen; enn er uoradi, lysti Palnatoki þui yfer, ₁₅
at hann mundi fara heim til Danmerkur. Og adur hann
for, kallar hann til sin Biorn enu brezka, og feck Palna-
toki honum i hendur at rada firer riki þui, er hann atti
i Bretlandi, þar til er sialfur hann kæmi til. Epter
þetta fer Palnatoki i þurt ur Bretlandi og Alof, kona ₂₀
hans, og forst þeim uel, og koma heim :a Fion i Dan-
mork; og er Palnatoki heima nockrar stunder, og þicker
Palnatoki nu mestur madur og frægastur i allrı Danmork
i þann tima annar enn Haralldur kongr.

VI.

₃₇ Þat er sagt, at Haralldur kongr for yfer landit at ₂₅
ueizlum, so sem sidur Dana-konga uar tıl. Palnatoki
giorer ueizlu og bydur kongi heım til sin, og þangat fer
kongr og er þar leinge at ueizlu. Enn su kona uar þar,
er Æsa het og uar kaullud Saum-Æsa; hun uar fatæk

---

¹ Sá hds. Mojlıgen aro har orden at hafa ell. at taka utfallna
(jfr Fms. XI, 51¹ och Flat I, 157¹; Cod. membr. Holm. 7, 4:to
har dock 60¹⁰ blott attı). Är kanske atti skrıffel f. ætti? —

kona og uel þo kunandi ;n þat, er hun skyllde giora;
hun uar feingen til at þiona konginum, medan hann
uar ;n ueizlunni. Konginum leiz uel ;n Æsu, rekti hia
henne hueria nott; og er at þui kom, at kongur for heim
5 af ueizluni, uoru honum ualdar godar giafer. Enn er
uoradi, fundu menn þat, at Saumæsa for eigi ein samann,
og rǫddi Palnatoki uit hana eina samann og spyr, huer
ætti uit henne barn; enn hun sagdi, at eingi madur uæri
anar til at eiga, enn Haralldur kongr, "enn eg hefi þetta
10 önguum fyr sagt, nema þier einum." — "Þat skal eg fyst 35
til leggia til þin," sagdi Palnatoki, "at þu skallt hier uera,
þar til er þu uerdur heill madur." Og nu lida fram
stunder, og þar kemur, at Æsa uard at ganga i kuenna-
-hus; og fæder hun suein-barn, og uar honum nafnn
15 gefit, og kalladur Sueinn, og uar sidann kenndur uit modur
sina og uar kalladur Sueinn Saum-Æsu-son. Han uex
upp ;n Fione med Palnatoka, og giorde hann uel til
sueinsens.

Og er Sueinn uar .íij. uetur[1], bar so til[2], at Har-
20 alldur kongr skylldi sækia þangat ueizlu ;n Fion; og er
kongr [til a] kemur þar til ueizlunnar, þa mællti Palnatoki
til Æsu: "Nu skalltu ganga firer Haralld kong og leida
epter þier sueinenn og mæla so: 'hier leidi eg epter mier
sueinn þenna; eg segi, herra! at einge madur anara er
25 til at eiga þenna suein med mier enn þier.' Enn huersu
sem kongr tekur mali þinu, þa uertu diorf, enn eg mun
taka under og stydia þitt mal." Hun geingur nu firer
kong og mællti þeim ordum, sem Palnatoki hafdi firer
sagt. Kongr spyr, huer þessi kona uæri; hon seger til
30 nafns sins. Kongr mællti: "Firnna diorf kona ertu, og
gack i burt og dirf þig eigi at mæla slikt, ef þu uillt
hallda lifi þinu eda limum." Þa mællti Palnatoki: "Hera!" 35
seger hann, "þetta er henni naudsyn at mæla, og kennum
uier hana, og er hun eigi sem önnur föru-kona eda putur,
35 helldur er hun god kona, þott hun se fatæk, og mun hun

---

[1] *D. v. s.* þreuetur.   [2] *Under raden.*

satt til segia; hofum uier þui sueineo til uor tekit, en þat
er þo yduar some meire." Kongr mællti: "Þat hyggium
uier, attu munder eigi þetta fram flytia." Palnatoki sua-
rar: "So mun eg [1] uirda, sem hann se yduar son, og hefia
kost hans; enn nu skulum uier lata falla nidur þetta tal," s
seger Palnatoki. Og litlu epter þat fer kongr af ueizluni
og med aungum giofum; og er fatt med þeim kongi og
Palnatoka.

VII.

Þat er sagt, at Palnatoki gat son uit konu sinne Olofu
litlu epter þat, er kongr for af ueizlune; hann uar upp io
4o fæddur, og uar þeim sueine nafnn gefit, og kalladur Aki;
hann uar þar upp fæddur at Fione med fôdur sinum. Aki
uar fridur madur synum, og uoru þeir fost-brædur Sueinn
og Aki. Frændur og viner Palnatoka kaulludu eigi radligt,
at hann fostradi son Harallz kongs. og allra sizt ef minne is
uæri ætt hans. Palnatoki kuez rada mundu, "og seger
mier so hugur um," seger hann, "at hier mun af gioraz
nockut gott rad;" og þar fædiz Sueinn upp at Fione til
þess, at hann er .xíí. uetra gamall. Og er so uar komit,
þa mællti Palnatoki til Sueins: "Nu skalltu fara at fund ʒo
Harallz kongs og bidia hann ganga uit frændsemi ydvare
og þier, og skalltu segiaz hans son, huort sem honom þiker
betur eda uerr." Palnatoki feck honum .xx. menn til
ferdarinnar.

Sueinn fer nu, þar til er hann kemur i haull Har- ʒs
allz kongs, og mællti þeim ordum, er Palnatoki hafdi
lagt firer honum; og er Sueinn hafdi lokit at tala slikt,
er hann uilldi, suaradi kongr: "Þui ertu so diarfur at
kallaz minn son? Og mun moder þin midur [2] hafa uandat
fôdur at þier og meir epter sinu edli; heyriz mier nu at ʒo
ordum þinum, sem þu muner uera einn fiflgapi og ei olikur
modur þinne." Sueinn seger: Þat mun satt sagt, at þat

---

[1] *Under raden.* [2] *d otydligt.*

mun yduar¹ at giora uel uit mig, þuiat eg er at uisu þinn ⁴¹
son; og ef þier uilit ecki gefa mier ualld i rikinu, fa mier
þa skip, og afla eg mier þa nockurar uirdingar; legg til
.iíj. skip og lid med, og er þat eigi of mikit til lagt uit
⁵ son þinn; en Palnatoki, fostri minn, mun til leggia iafnn-
-morg skip og lid eigi minna, en þier fait mier." Kongr
seger: "Þat kaup uilium uier eiga, at þu hafer þat kaup,
er þu beider, og komer alldri mier i augsyn optar."

Þat er nu sagt, at Haralldur kongr fær nu Sueini
¹⁰ .iíj. skip og .c. manna, og uar huort-tuegia litt uandat;
og fer Sueinn nu burt þadann til þess, er hann kemur ꜳ
Fion til [41 b] fundar uit Palnatoka. Palnatoki taladi uit
Suein, adur þeir skillduz², og mællti so: "Nu muntu
freista at fara i hernad med lid þetta; enn þat rad uil
¹⁵ eg kenna þier, attu farir eigi leingra i sumar i burtt, enn
heria hier ꜳ Danmork ꜳ riki Harallz kongs, so sem þu
matt uit komaz, og lat þat ganga i allt sumar. Er þat
undarligt," seger Palnatoki, "er kongur giordi suiuirdingar-
-hlut til þin, enn hefur þa menn til rikis og giorer þa at
²⁰ höfdingium³, er ecki eigu at rettu i rikinu, og giorer ⁴²
radgiafa sina;" og sagdi, at Fiolner mundi þui uallda, er
honum uar so þungt landz-folkit, "og er þeim makligt at
þola af þier hardann dom edur rett. Enn komit til uor
at hausti og hafit hier frid-land."
²⁵ Epter þetta fer Sueinn i burtt med lide sinu og fer
med öllu epter þui, sem Palnatoki hafdi radit honum.
Sueinn heriar ꜳ riki Harallz kongs um Eyiar-lond, Langa-
-land, Sæland og Maun, og giorer illuirke morg i mann-
-drapum og i landz-bruna. Þetta fretter Dana-kongr og
³⁰ þicker honum þui illa uarit, er hann feck Sueini lid. Enn
er at uetri kom, þa fer Sueinn heim-leidis og hefer feingit
mikit fe um sumarit; og er þeir sigldu heim, feingu þeir
mikin storm og of-uidri og fa eigi uit radit og brutu
skipin oll, þau er Haralldur kongr hafdi feingit honum,

---

¹ Så. Myjl. är some utfallet (ell. ngt liknande).   ² skilldūz
hds.   ³ d öfver raden.

og þar tyndiz gioruallt feit og lid þat allt, er æ uar.
Enn Sueinn sigldi [1] heim med þeim skipum, er epter uoru;
og kom hann heim æ Fion til Palnatoka, fostra sins, og
tok Palnatoki uel uit Sueini; og þar uar Sueinn og menn
[43] hans um ueturin. Enn er uoradi, mællti Palnatoki: "Enn [5]
skalltu fara æ fund fodur þins, Harallz kongs, og bidia,
at hann giore nu meire [2] soma til þin en fyrra sinne, og
bidia hann leggia til [3] uit þik .ví. [4] skip og þar med lid, at
þau uæri [2] oll uel skipud. Hygg at þui, attu [5] mæl til þess
allz illa, er þu beidiz at hafa; enn ef honum likar þat illa, [10]
þin med-ferd, seg nu, at þa muntu fara i Austur-lond og
heria þar, og seg minna af ordit, enn fra er sagt, og lat
þat ecki æ finnaz, at þu sert lid-far."

Sueinn giorer so, fer nu i burtt med sueit manna og
godum bunadi; koma þeir æ fund Harallz kongs, so at [15]
hann sat yfer dryckiu-bordum; þeir ganga firer kongin.
Þa mællti Sueinn: "Haf godann dag, herra!" Kongur leit
uit honum og suarar óngu; þa mællti Sueinn: "Herra!
þat uilium uier tala, er fyr uocktum uier, at beidaz af
ydur lids-afla." Kongur suarar: "Meir er þetta mællt [20]
med dirfd enn uite, eda þickiz þu so uel hafa launat
mier, er eg eflda þig fyr. Þu heriader æ riki mitt, og
þat uæri rett, at þier uę(r)it aller upp fester; enn firer
þat ord, er æ leikur, [uæri þat [6], at þu siert min son, mun
þat firer faraz." Sueinn mællti: "Hera! fait mier .vj. skip [25]
og med lid og mun(u) uęr med þessu lidi heria æ ydra
ouine, er [7] þier fait mier, og æfa (æ) yduart riki, og giora
[44] nu yduarn soma. Enn ef þier uilit eigi fa mier þetta lid,
skal eg þa heria æ ydra menn sialfs og ecki skal eg af
spara at giora allt þat illt, er eg ma, æ ydru riki." [30]
Haralldur kongr suarar: "Haf þu .ví. skip og .cc. manna
og alldri kom i augsyn mier optar."

Sueinn heiter [2] nu at ueria landit, og fer hann nu i
burtt og æ [3] fund Palnatoka; og fęr hann Sueini iafn-mikit

---

[1] silgdi *hds.*   [2] *Så.*   [3] *Öfver raden.*   [4] *Tyckes. andradt från*
.víj.   [5] attu þu *hds.*   [6] *[Så.*   [7] *Tyckes andradt från* en

lid, og hefer Sueinn nu .xíj. skip og .cccc. manna. Og
adur enn þeir skillduz, mællti Palnatoki: "Nu skalltu fara [1]
i sumar og heria :a ríkı Harallz kongs og eigi þar [2]
i fyrra sumar, skalltu nu heria þar, sem meira er megin-
5 -landit, og heria um Sioland og Hiatland [3]; og gior nu slikt
illt at þeim, sem it fyra sumarit, og þat uera, sem þu
hefer nu meira lidit. og hefz alldri af þeim i sumre. Enn
far til min at uetri og uer þa med mier."

Nu skil(i)az þeir, og fer Sueinn og lid hans nu med
10 [42 a] her-skillde yfer landit, huar sem þeir fara, koma bædi
uit Sioland og Hiatland [3]; og so er Sueinn :a-kafur um
sumarit, at hann heriar natt med degi, og alldri hefz
hann af Dana-kongs uelldi; hefur nu þat, er Palnatoki
red honum. Drepa þeir marga menn og brena morg 45
15 þorp og hierud, og giora nu myklu meirra og uerra enn
id fyra sumarit, og flydi nu landz-folkit undann og firer
her-manna-lidit.

Þessi tidindi spyriaz nu til Dana-kongs, at mikill
ofridr er i landinu, og :a-mela menu nu kongi, ef hann
20 uill eigi uerıa riki sitt. Enn Haralldur kongr letur
þetta hia sier lida, þo at hier se mart um rett. Enn er
haustadi, snyr Sueinn heim-leid sinni og tyner nu aungu
lidi i ferdine; kemur hann heim :a Fion, og tekur Palna-
toki uel uit honum; enn Sueinn og allt lid hans er med
25 Palnatoka um ueturenn. Og er þat mællt nu i landinu,
at Haralldur kongr mundi [4] eigi hallda rikinu, ef sliku
fer fram; og þat mælltu uiner Harallz kongs, at hann
skylldi hreinsa land sitt af þessum illþydiz-flocke og rans-
-monnum; sogdu þeir, at þetta uæri rad Palnatoka, er
30 Sueinn og menn hans heria :a rikit.

Enn er uoradi, kom Palnatoki :a mali uit Suein og
mællti: "Nu er afli þin so mikil ordin, at þu ert at ongum
hlutum upp gefin; hefir þu nu og giortt mikinn skada :a 46

---

[1] Öfver raden. [2] Relatıvpartikel bur kanske insattas. [3] Så
hds. (— Hjaltland?); det rıktiga vore val Halland (så alla de andra
redaktıonerna af sagan). [4] I margınalen.

riki Harallz kongs, og mætti nu so uerda, at þu eignadiz
skiott allt riki Harallz kongs. Bu þu nu skip þin og far [1]
med ollu lide þinu að fund Harallz kongs. Þu skallt ganga
med lidi þinu að fund Harallz kongs, þa er hann situr
yfer dryckiu-bordum; þier skulut ganga med brugdnum [5]
suerdum og aller herklæder sem til bardaga; gack firer
hasætis-bordit og kref kong lids, at hann fai [2] þier .xij.
skip og .cccc. manna; og heit nu burt at fara ur riki
hans, og heit at stydia riki hans, ef han liete þetta til,
er þu beidiz. Enn ef hann neitar þui, þa skalltu bioda [10]
honum til bardaga þegar i stad; og haf alldri uerit grimm-
are enn þa."

VIII.

Sueinn giorer en, sem Palnatoki mællti, og fer að fund
Harallz kongs, og fer þa einge niosn firer honum; og
ganga þeir aller hans menn firer Haralld kong. Þa mællti
Sueinn: "Opt it sama er hier at tala, herra! Eg beidi [15]
ydur nockurs lenis hier i landit, so sem burder miner eru
til; eg hefi lei(n)ge uerit soma-laus af ydr. Enn þott
ydur þicki mikit at giort, ma ydr ecki þat að ouart koma,
at eg uilia reka minar suifuirdingar, sem miner frændur
hafa giort. Fait mier nu, herra! .xíj. skip og .cccc. manna, [20]
[47] og munu uier þa burtt fara ur ydru rıki." Kongur suarar
þa reiduliga: "Ecki er likligt epter þessu at leita, og ertu
furdu diarfr madur, er þu þorer at koma að minn fund
og mæla uit mig til lids, er þu ert bædi þiofur og illuirke;
og þat hygg eg, at þier se aller hluter uest gefner, og að [25]
eigi þarftu til þess at ætla, at eg muna ganga uit frænd-
semi uit þig, þuiat þu ert ecki minnar ættar; helldur
skulum uier refsa ydur sem þiofum og rans-monnum, þuiat
uort riki fær eigi stadit firer þier, og uilie þier eyda land
uort." Þa mællti Fiolner: "Þat segium uier þier, herra! [30]
at leingi hefer Palnatoki at þessum radum uerit at eflaz

---

[1] Ófver raden.   [2] i under raden.

i moti ydur og ¹ (firer-)koma riki ydru." Þa mællti Sueinn:
"Um .íj. hluti er at kiosa, herra! ² þier fait mier þat, er
eg mællti; hinn er annar, at beriaz uit oss þegar i stad,
[42 b] og skalltu nu huergi undann komaz, og eigi skulum
⁵ uier þier hlifa helldur enn þier oss." Þa mællti Haralldur
kongur: "Uandræda-madur ertu; uera ma þat, at þu eiger
gau(f)ga frændr, þann ueg ertu skapi farinn, þuiat fatt
blæder þier i augu. Eigi munu uier hætta til bardaga ⁴⁸
uit ydur i þessu sinne; erum uier nu ecki uel uit buner."
¹⁰ Haralldur kongr fær nu Sueini .xíj. skip og .cccc. manna,
bidur hann nu fara burtt ur sinu riki; og seger kongr,
at hann mundi eigi trua honum optar, ef hann suike
hann nu. Sueinn heit honum nu burt at fara ur Dana-
-kongs uelldi og heria eigi ⁊a hans riki; "helldur skulum
¹⁵ uier efla þat epter uoru megnni, og skulum uier nu heria
⁊a uora ouine i allt sumar."

Sueinn fer nu burt med þetta lid, þeim mun bez
buit, sem nu uar mest; hefer hann nu .íííj. skip og .xx.,
og kom heim ⁊a Fion. Palnatoki tok uel uit honum og
²⁰ mællti: "Nu þicki mier god orden þin ferd; er þar nu
komit, sem eg uillda, at afli þin uæri mikil og traustur
ordin, og mun enn me(i)rri sidar, so sem iafnann hefer uerit
hier til uaxit æ og æ. Er þat og nu likaz, at Haralldur
kongur styrri skamma stund rikinu hedann fra, og er þat
²⁵ min rad at letta eigi fyr, en þu hefer allt riki hans; uil
eg," seger Palnatoki, "attu herir enn i sumar ⁊a riki
Harallz kongs, og skal þier nu aull frials Danmork til at
heria, nema hier ⁊a Fioni i riki minu; hier skalltu hafa ⁴⁹
frid-land. Legium nu til þrota þenna ofrid; ertu gior sem
³⁰ einn uikingur, flæmdr af rikinu, og fær Haralldur kongur
þier þui ³ lid, at hann ueit, huad þu att i hlut. Hygg at,
huersu mikit þat er hia þui, sem þu att at hafa; uilldi
hann þui giarna leysa þig med þessu ⁊a burt. Heria þu
¹ sumar," seger Palnatoki, "⁊a riki Harallz kongs, og gior

---

¹ *Streck ı raden antyda, att något ar uteglomdt, men intet står
i marginalen* ² at mgl. utfallet. ³ *I marginalen.*

þat nu illt, þu matt, þeim sem eigi uilia ganga :a þina
hond; og mun eg fa [1] þier jafn-morg skip, sem adur hefur
þu, og heimillt skal ydr mitt riki til styrktar; og mun
eg fara," seger Palnatoki, "þetta sumar til Bretlandz at
finna Stefni jarll, mag minn, og uillda eg hafa .xv. skip [5]
ur landi. Enn þu Sueinn," seger hann, "far nu, sem eg
hefi radit, þuiat nu mun eg niosnum halda at lidi þinu i
sumar, og mun ek uitia þin at hausti med myklu lidi og
ueita þier lid, firer þui at mig grunar þess, at þa mune
(herr) uera gior :a hendur þier, og munu þeir eigi uilia [10]
leingr, at so buit se. Enn þu hygg at þui, at þu fly alldrı,
þott lid se dreigit at þier, og hallt upp bardaga uit þa,
[50] þo at þeir se nockut fleire." Epter þat skilia þeir Palna-
toki og Sueinn, og [fara bader [2] med sinu lide og þo sinn
ueg huor þeirra.   [15]

IX.

Sueınn tekr nu þat rad, sem Palnatoki hafdi firer hann
lagt, at hann heriar :a Dana-kongs uelldi nott med degi, og
fer hann uida um Danmork um sumarit, og giorer nu þeim
mun uerra enn fyr, sem hann hefer nu meirra lidit. Flya
nu menn undann þessum öfride, so sem uit komaz, og [20]
þick(i)az illa leikner, og fara :a fund Harallz kongs og
seigia honum til uandræda sinna; og bidia menn kong,
at hann taki þat rad, sem dugi; og sem kongr ueit, at
riki hans er hapt at her-landi, so opt sem id sama ber at
hondum, uard hann miog reidur, og safnar hann lide [25]
myklu, og fer kongur sialfur med fyse hersins; ætlar
[43 a] hann nu til fundar uit Suein og drepa hann og
allt lid hans, ef so uillde uerda; þickiz kongr þo leinge
[51] setit hafa um ohæfur þær, er hann mundi eigi þolat hafa
audrum. Haralldur kongur hafdi þa .l. stor-skipa   [30]
       Enn er :a leid sumarit, þa finnaz þeir Haralldur
kongur og Sueinn. Þeir finnaz under Borgundar-holmi;

þat uar sid um kuelld; sau þa huorer adra, enn þo uar
so þa fram ordit dags, at eigi uar [1] uig-liost. Enn um
morgunenn. er lyst uar, biuguz þeir huorer-tuegiu til
bardaga og legia samann skipum sinum, og slær þar þegar
5 i bardaga þeirra i mille; þetta uar hinn næsta dag firer
allra-heilagra-messu. Beriaz þeir þann dag allan til
kuellz, og uar mann-fall mikit af huors-tueggia lidi; og
uoru þa hrodinn .x. skip Harallz kongs, enn .xij. af Sueine,
og lid þeirra þo huortueggia [2] sart. Sueinn leggur skipum
10 inn i uogs-botninn, enn þeir Haralldur leggia skipum
sinum i teiugsl firer utann uoginn og leggia stafnn uit
stafnn, byrgia so Suein inne i uoginum, at hann matti
eigi i burttu komaz, þo han uilldi undann leita; en um
morguninn epter ætlade kongr med sinu lidi at leggia at
15 þeim og drepa huert mannz-barn af Sueini og so sialfann
hann, þui at Haralldur kongur hafdi myklu meira lid.

X.

Þat sama kueld kemur Palnatoki þar uit land, og hafdi
hann .iííj. og .xx. skip. Hann leggur skipum sinum uit 52
Borgundar-holm under nesit ôdru-megin og tialdar þar
20 uit skip sin. Og er þui uar lokit, geingr Palnatoki af
skipe sinu einn samann upp a land, og hafdi hann boga
sinn (i) hendi enn ôrua-mæli a herdum sier; hann uar
gyrdur suerdi og hafdi gylldann hialm a hofdi. Og þat
ber at moti, at Haralldur kongur uar þa upp a landi
25 og .xj. [3] menn med honum; þeir giordu eld firer sier i
skoginum og bakaz uit elldinn. Þeir sitia a låg einne
.xíj. samann, og uar þa myrkt ordit, er þetta uar. Palna-
toki geingr upp til merkurennar og i skogen gagn-uart
þar, er þeir satu firer, og stod hann þar um stund. Enn
30 Haralldur kongur bakaz uit elldenn, og bakar hann bring-
spoluna a sier, og uar kastat a hann klædum, og stendur

---

[1] Öfver raden. [2] e öfver raden. [3] Tyckes vara ändradt
från .xíj.

hann þar æ kniam ofann og ólboguuum, og lytur hann
nidur miog, so at axllernar ber nidur en razenn i skogin.
Heyrer Palnatoki giorla til Harallz kongs og þecker
hann giorla. Palnatoki setur aur æ streing og skytur
til kongs, og flygur auren beint i ræz konginum og epter ;
honum endi-laungum, so at kom i muninum ut, og uar
þat hans bana-sar.

Haralldur kongur fiell þegar daudur nidur æ iordina;
enn er menn hans sau þesse tidinde, þa tok Fiolner æ
burtu skeytid og dro ut ur mune kongiuum og hirder 10
so buna aurina, og uar hun audkend, þui hun uar gulli
reyrd. Fiolner mællti: "Mikit ohappa-skot er þetta." Þa
mællti Fiolner uit þa menn, er þar uoru uit stadder:
"Þat syniz mier rad," segær hann, "at uier hofum aller
eina fra-sogn fra liflati Harallz kongs; þicki mier uarla 15
segianda annat, enn hann hafi uerit skotin i bardaga,
og hafi hann af þui latiz; og dregur þat mestann auitanar-
-stad af oss, er uier hofum uit stadder uerit, at uier segium
þetta til, þui mier þicker eigi segianda, so sem ordit hefer."
Þeir iatudu þessu. Sidann bundu þeir þetta [43 b] med 20
fast-mælum sin æ milli, og helldu aller þesse saugu, sem
þeir hófdu samit med sier. Þeir toku lik Harallz kongs
og fluttu til skipanna.

Palnatoki hafdi heyrt uit-tal þeirra; ok epter þat fer
hann til skipa sinna, og kallar hann med sier .xx. menn; 25
kuez hann uilia fara at finna Suein, fostra sinn. Þeir
fara um þuert nesit, og hittaz þeir um nottina og tala
med sier, huad þeir skulu til rads taka. Palnatoki liezt
og frett hafa, at þeir mundu ætla at leggia at þeim um
morguninn, er uig-liost uæri. "Enda skal eg efna þat, er 30
eg hefi heitit þier framaz; munu uit bader taka eitt rad,"
seger Palnatoki, "og mun gud unna þier rikis, og muntu
bratt styra kongs-uelldi." Einge madur uisse af lide þeirra
Sueins og Palnatoka, at Haralldur kongur uæri liflaten,
nema ein samann Palnatoki, og seger hann þetta aungum 35
manni. Sueinn mællti þa til Palnatoka: "Þess uil eg
bidia þig, fostri minn!" seger hann, "at þu takir nockut

gott rad, þat er oss duger." Palnatoki seger: "Ecki skulu
uier so seint taka til rada; uier skulum aller ganga æ
skip med ydur og skulum þau leggia ut .at teingslum
þeirra og binda akkeri firer bord æ ollum skipunum þeim,
5 er fyst fara; uier skulum hafa skrid-lios i stafne æ ollum
skipunum, þuiat nu er natt-myrkr mikit. Sidann skulu
uier ròa æ skipa-flota þeirra sem hardaz ¹, og er mier
leitt," seger Palnatoki, "at þeir kuge oss hier inne i uogs-
-botnninum."

10 Nu taka þeir þetta rad, at þeir ròa þegar um nottina
æ þueran skipa-flotann so hart, at þau skip, sem firer
þeim uoru, hrucku firer þeim og foru i kaf; þat uoru
þriar sneckiur, og tyndiz þar af huert mannz-barn,
er æ uar, þeir er ecki uoru synder; enn Palnatoki og
15 Sueinn runnu i þat skard med oll sin skip ut yfer, þar 15
til er þeir kuomu til þeirra skipa, er Palnatoki atti. Og
þegar um morguninn, er traut uar uig-liost, þa leggia
þeir Palnatoki og Sueinn med öllu lide sinu at kongs-
-monnum, og þa uoru þau tidinde sogd, at Haralldur
20 kongur uæri ² liflatin; þetta uar allra-heilagra-messu-dag.
Þa tok Palnatoki til orda og mællti so: "Kostir eru ydur
giorder .íj., þeim ³ er uerit hafa mæd Haralldi kongi. Annar
er sa, at þier skulut hallda upp bardaga og beriaz uit
ockur Suein; hinn er annar, at aller þeir menn, er uerit
25 hafa med konginum, skulu ganga til handa Sueini og
sueria honum land og þegna, og taka hann til kongs yfer
sig, sem hann er ættboren til." Nu bera kongs-menn
samann sin rad og uerda aller æ þat satter at taka Suein
til kongs yfer sig, þuiat þeir uilia eigi beriaz uit Palna-
30 toka; og sidann segia þeir honum, huad þeir kioru æ; og 30
nu fer þetta fram, at þeir toku Suein til kongs yfer sig
og suoru honum trunadar-eida ⁴ og at efla hans riki.

Sidann uar stefnt fiolmennt þing i Iotlandi og i Ue-
biorgum, og sotti þangat uida af Dannmork [allri] þetta

_____ ·· _

¹ h^(œ)daz hds.   ² I marginalen.   ³ Otydligt.   ⁴ t^rnadn^r eida hds.

þing mikit fiolmenni. Palnatoki taladi sniallt eryndi ꜳ
þinginu og seger monnum [1] kunigt [2] uera mundu fra-fall
Harallz kongs, "og hefer hans riki leinge uerit yfer þessu
landi; er [þat nu [1] makligt," seger Palnatoki, "at sa radi
nu rikenu epter hann lidin, er adur hefur leinge [an] [5]
uerit. Enn þo Sueinn hafi [3] nockut af giortt uit ydur,
uill hann þat nu allt bæta ydur, sem adur hefer hann
brotit, og þott nockut [4] hafi ordit [5] hardleikit i hans til-
-giorningum [6], er þat þo uorkunnar-mal firer sumra hluta
[44 a] saker; enn nu uill hann med ollu uingaz uit ydr." [10]
Þa suara menn hans mali, at marger þottuz hardinde
feingit hafa af Sueini; badu þeir, at Palnatoki giordiz
hófdinge yfer rikınu; þeir sogdu hann bez til fallen.
Palnatoke seger þat eigi eiga at uera og kuez uilıa
helldr styrkia Suein til rikis; og med radi Palnatoka [15]
taka Daner, þeir er þar uoru ꜳ þingenu, Suein til kongs
yfer Danmork. Sidann fara þeir Sueinn og Palnatoki um
[57] alla Danmork, og huar [6] sem þeir foru, uar Sueinn til
kongs tekinn um alla Danmork, adur þeir foru [7] i burt.
Epter þat fer Palnatoki heim ꜳ Fion i riki sitt.　　　　　[20]

　　Enn er Sueinn uar kongur ordinn, þotti monnum þat
skyllt, at hann leti drecka erfi epter fodur sinn; þuiat
þat uar skyllt at giora rikum og orikum i þann tima
at drecka erfi epter fodur sinn firer hinu þridiu iol.
Fiolner kom ꜳ fund Sueins kongs og (baud) honum sig til [25]
þionuztu [8] sem fodur hans; kongur iatar þui. Fiolner
elldiz ecki at ill-radum, þott hann uæri miog at alldri
farenn. Fiolner mællti til kongs: "Uita skulu þier þa
hluti, er ydur er skyllt at uita, þott med leynd [9] hafi
farit um lif-lat Harallz kongs; og hefur Palnatoki myckla [30]
uæl at ydur [7] dregit, og þat geck honum til eflingar uit
ydr at uera i suikum uit fodur þinn, og er Palnatoki
sannur hans bana-madur, og mun eg þat med uitnni seigia;

---

[1] *Nastan utplånadt.*　[2] ku *nästan utplånadt.*　[3] a *ofver raden.*
[4] *Under raden.*　[5] til (*skr.* t[1]) *otydligt* (*majl.* u[1]).　[6] *Öfver raden.*
[7] *I marginalen.*　[8] þꝼuztu *hds.*　[9] *Tyckes vara ändradt från* lend

og mattu eigi kongur uera, ef þu hefner eigi fodur þins;
og lit hier æ aurinna: þessi ueitti honum suifuirdlegan
bana, og munu uera menn til uitnniz, at (eg) segi þat satt."
Sueinn kongr reiddiz þa miog uit þetta; og sidann giordu
⁵ þeir rad sin, at kongur skal bioda Palnatoka til ueizlu. ⁵⁸
Ætlar [hann þa ¹ eckı leingur æ ² fresta, þuiat þa atti at
drepa Palnatoka i þeirri ueizlune, er hann drack epter
fodur sinn.

XI.

Sueinn kongur sender menn æ fund Palnatoka at bioda
¹⁰ honum at drecka epter fodur sinn erfi, ok slikt id sama
bydur hann ollum Fionbyggium þeim, er Palnatoki uilldi,
at færi med honum. Enn er sendi-menn kongs kuomu
æ fund Palnatoka og sogdu honum ord kongs, — enn
Palnatoki kuez eigi koma mega at sækia ueizluna, "firer
¹⁵ þui at eg hefi spurt þau tidindi, at Stefner iarll, magur
minn, i Brettlandi, er andadur, og uerd eg at fara þangat,
þui at eg æ riki allt epter hann." Sendi-menn kongs
kuomu nu aptur og segia kongi, at Palnatoki kuaz ² eigi
koma mega; og uu eyddiz ueizlann firer Sueini kongi, þui
²⁰ at hann uill, at Palnatoki se at bodinu.
Palnatoki fer nu ur landi med nockr skip; og adur
enn hann færi heimann, sette hann epter i riki sitt Aka,
son sinn, og bad Palnatoki, at hann skylldi ueita hina
beztu um-sia, medann hann uæri i burtu. Aki giordi so.
²⁵ Palnatoki fer nu til Brettlandz og tekr hann uit þui riki
ollu, ⁴ att hafdi Stefner, magur hans.
Og er æ leid þau missari, og um sumarit, seinde ⁵⁹
Sueinn kongur menn til Palnatoka med þeim ordum, at
Palnatoki skylldi koma til ueizlunar uit so myklu lidi,
³⁰ sem hann uilldi sialfur. Palnatoki suarar og bad kong
hafa þauck firer sitt bod; "enn þann ueg er til hattat, at

---

¹ [þa hann *med omflyttningstecken hds.* ² *Så; skriffel f.* at?
² ku'. *hds., otydlıgt.* ⁴ *Så, utan relatıvpartıkel.*

þyngd nockr liggur a mier, so at eg þick(i)unz eigi fær
uera. Þat fyllger og," sagdi hann, "at eg a hier i rikinu
so morg fiolskylldi [1] um at uera, at eg ma eigi firer þui
sækia ueizluna." Og nu fara þeir i burtt, sendi-menn
kongs, og seigia nu Sueini kongi suor Palnatoka. Enn er [5]
þeir uoru i burtt farner, þa tok alla þyngd af Palnatoka.
Sueinn kongur lætur þa enn eydaz ueizluna [2] [44 b]
og et næsta sumar epter. Ok er so uar komit, matti
eigi leingur fresta at drecka erfi epter Haralld kong.
Fiolner kemur a mali uit Suein kong: "Hera! nu megi þier [10]
reyna, at uier seigium satt um lif-lat faudur þins; þui
uill Palnatoki eigi fara a yduarnn fund; en eigi hæfer
þat yduare tign at giora eigi ueizlu epter þuilikann hofd-
ingia. Send nu menn a fund Palnatoka, og sitie hann
[6]o firer reidi þinne, ef hann kemur eigi." Og nu sender [15]
Sueinn kongur hit þridia sinn til Palnatoka at bioda
honum en til ueizlunnar. Sendi-menn koma a fund
Palnatoka og segia honum sin erindi og þat med, at
kongr leggur reidi sina a hann, ef hann kemur eigi. Og
er Palnatoki heyrdi þat, þa mællti hann: "Ef kongur [20]
leggur reidi sina a mig, þa skal eg heldur koma til
ueizlunnar, þa er mier syniz." Palnatoki bad sendi-menn
fara heim aptur og segia þat Sueini kongi, "at eg mun
koma til ueizlunnar." Þeir fara heim og segia Sueini
kongi, at Palnatoka uæri þangat uón.   [25]
Epter þat biuguzt kongs-menn uit ueizlu, at þat erfi
skylldi uerda firer allz saker sem uirduligaz, bædi saker
fiolmennis og til-fanga. Og er sa dagur kemur, er bods-menn
kuomu til erfisins, kom eigi Palnatoki; og leid a daginn
og a kueldit, og þar kom, at menn ganga til borda, og [30]
let Sueinn kongur liggia rum i aundugi a enn ædra [3] beck
og utar fra .c. manna rum og uænter þangat Palnatoka
og hans foruneytis i þat rum; og er seinkazt þotte kuoma
þeirra, þa taka menn fæzlu og drucku. Þesse ueizla uar
næri sio.   [35]

---

[1] fiolskylldu hds.   [2] Skrifvaren har tydligen ofverhoppat något;
jfr Inledningen.   [3] Så; skriffel f. uædra?

XII.

Nu uerdur fyrst at segia fra Palnatoka, at hann byzt heimann og Biornn hinn brezski med honum. Þa mællti 61 Olof, kona Palnatoka: "So seiger mier hugur um, at uit munum eigi siaz sidann." Palnatoki kuad þat eigi mundu 5 firer standa faur sinne, "og er Sueini kongi mal at uita hid sanua um liflat fôdur sins, þott eg munda kiosa, at kongur hefdi anann radgiafa enn Fiolne." Palnatoki hafdi þriu skip ur landi og .iíj.c. manna, þat uar halft huort Daner og Bretar.

10 Enn ed sama kueld kemur Palnatoki þar uit land og menn hans, sem Sueinn kongur helldur ueizluna, og leggia skip sin i lægi, þar sem þeim þotti at-diupaz uera; þa uar æ gott uedur og uindlitit. Þeir biuggu þann ueg um skip sin, at þeir sneru fram-stofnum fra landi og 15 greida rodur sinn, so sem [1] at þeir mundu þar skama d(u)aul eiga, og logdu allar árar i hareidar, sem þeir skylldi skiotaz til at taka, ef þeir þyrfti þess uit. Sidann geingr Palnatoki upp á land med ollu lide sinu, og fara, þar til er þeir koma til kongs-bæiar, þar sem ueizlann 20 uar sett, og satu menn þa uit dryckiu, og uar þetta hit fysta kuelld. Palnatoki geingr inn i hollina med allt lid sitt firer kong og kuedur hann; kongur tekr nu kuediu 62 hans og uisar honum til sess og monnum hans, og skipa þeir annann lang-beck, og sitia þeir nu uit dryckiu [2] og 25 eru allkater. Þat er nu sagt, at Fiolner geingr nu firer Suein kong og talar uit hann um stund hliott; enn kongurinn bregdr lit uit og giorer raudann sem blod.

Madur er nef(n)dur Arnoddur, hann uar kertis-suein Sueins kongs; hann stod firer bordi kongs. Honum selur 30 Fiolner i hendr skeyte eitt og mællti, at hann skylldi bera þat firer huernn mann, er inne uæri, þar til at nockr kendiz uit, at ætti skeytit. Arnoddur giorer nu so; hann geingr nu fyrst inar [3] fra hasæti kongs og ber firer huernn mann skeytit, og [15 a] kannaz eingi uit, at ætti, þar

---

[1] Öfver raden. [2] Otydligt (dryckin?). [3] Otydligt (in" ?).

til er hann kemur firer Palnatoka og spyr, ef hann kendi
orina. Palnatoke seger: "Firer þui munda eg eigi kenna
skeyti mitt? þuiat eg æ þat, og fa mier sem skiotaz." Þa
uard hliod i hollune um stund, og þa mællti Sueinn
kongur: "Þu Palnatoki!" seger hann, "huar skilldiz þu s
uit þetta skeyti næsta sinn?" Palnatoki seger: "Opt hefi
eg þier uerit epter-latur, og ef þier girnniz, at eg segi
ydur þat helldur i myklum mann-fiolda enn uit fa-menne,
ω og þicki þier þat þinn uirding meirre, þa skal eg þat
ueita þier. Ek skilldunz uit þessa aur næsta sinn æ 10
boga-streingnum, þa eg skaut henne i raz fodur þinum
og ut epter honum endilaungum, so at ut kom i munni-
num, og tyndi hann þa sinu life." Þa mællti Sueinn
kongur: "Standi menn upp aller sem skiotaz og hafi hendr
æ Palnatoka og monnum hans, og drepit þa alla, þuiat 15
nu er lokit allri uorri uinattu." Og þa giordiz eigi allkyrt
i hollune. Palnatoki bregdur suerdi og hleypur at Fiolni
og hoggur i hofud honum, og klyfur hofudit allt og [1]
halsinn i herdar nidur, og "skalltu eigi rægia mig uit
konginn optar," seger Palnatoki; "og mun þier eigi audit 20
uerda um hefndir uit mig," seger Palnatoki, "þuiat eg
hefi leingi borit þolinnmædi uit fódur þinn, en giort til
þin, sem eg kunna." Enn so atti Palnatoki þar uel uingat
uit [2] menn, at eingi uilldi beriaz i mot Palnatoka; komz
hann ut og hans menn aller, nema einn madur af lide 25
Biarnar hins brezka uar epter i hollunne. Og er þeir
uoru ut komner ur hollunne, þa kónudu þeir lid sitt; og
er þui uar lokit, þa mællti Biorn og kuad uant eins
ω mannsens; "og uar eigi minna at uon, og forum uier til
skipa uorra," seger Palnatoki. Þa mællti Biorn: "Eigi 30
munder þu renna so undann, ef þinn madur uæri, og ætter
þu minn hlut, og eigi skal eg so fra renna." Og snyr
nu Biorn inn aptur og geingur i hollina [2]; og er hann
kemur i hollina, þa kasta þeir kongs-menninner hinum
brezka manni yfer hófud sier upp og hofdu næsta rifit hann 35

_____

[1] Öfver raden.   [2] holluna hdз,

i sundur. Biornn fær nad manninum og þrifur hann og
kastar honum :a bak sier og hleypur ut sidann med manninn
og ofann til skipana.   Biornn giordi þetta mest firer æ-
-gætis sier; enn uita þottiz hann, sem uar, at madurin
s mundi daudur uera.   Sidann ganga þeir :a skip ut, Palna-
toki og hans menn, og taka þegar til arra [1] og sigla i
burtu :a þeirri nott, og matti kongur ecki at giora; og
stendur nu so buit.   Enn Sueinn kongur lætur nu drecka
erfit epter fôdur sinn; enn er þrytur ueizluna, for huer ·
10 til sins heimilis med uirdingu.

XIII.

Þat er sagt, at þa er Palnatoki kom heim til Bretlandz, 65
at þa uar aundut Olof, kona hans; þat þotti honum mikil
skadi.   Palnatoki undi eigi i Bretlandi epter andlat konu
sinar; og tekur hann þat rad, at hann setur þar til Biornn
15 hinn bretzka at uardueita rikit i Bretlandi.   Enn þegar
af leid ueturinn, og uor kom, bioz hann sialfur ur landi.
Palnatoki hafdi .xx. skip, er hann for ur Bretlandi, og
uilldi hann leggiaz i hernad.   Hann fer nu, þegar hann
er buinn; og heriar Palnatoki þat sumar til Irlandz, og
20 aflar hann sier mikills fiar og agætis.   Hann hefur þat [2]
idnn .ííj. sumur i samt, og uar hann allra manna sigur-
-sælaztur; uard honum gott til fiar og uirdinga.   Og nu
ætlar Palnatoki at heria :a Uinland [3], og hefur hann nu
uit feingit [.x]x. stor-skip, og hefur Palnatoki þa .xl. skip.

XIV.

25 Þan tima red firer Uinlandi kongur sa, er Burizleifur 66 ·
het; hann hugdi illa til hernadar Palnatoka, firer þui at
Palnatoki hafdi iafnann sigur, þar hann bardiz, þuiat
hann uar allra manna :a-gætaztur, þeirra er i uikingu

_____

[1] Sá (— ára).   [2] Sá!   [3] Sá hds. (— Vindland) þá de flesta
stallena.

uoru, [45 b] og uegnadi þungt uit hann at beriaz. Og nu
kemur Palnatokı þar uit Uinlandi, er Burizleifur kongur [1]
red firer, og hefer kongr frett til ferda hans; þa sender
hann menn sina ꜳ fund Palnatoka med eyrindum þeim,
at kongur bydur honum til sin þriggia natta ueizlu, og [5]
lezt uilia eiga [uit hann frid [2]. Þat fylger og þessu bodi,
at kongr baud at gefa honum riki þat, er heiter ꜳ Iomi,
til þess at Palnatoki skylldi þar stadfestaz; og mest uilldi
kongur gefa til þess þetta riki, at hann uilldi, Palnatoki
uerdi landit med kongi, ef ofridur giordiz. Palnatoki [10]
þiggur nu þetta og menn hans, at þui at sagt er. Palna-
toki sæker nu ueizluna til Burisleifs kongs med ollu lidi
sinu, og bında þeir nu so sina uinattu med sier.

XV.

[67] Epter [3] þetta bradliga lætur Palnatoki giora eina storra
borg, og uar hun sidann kollud Ioms-borg. Hann lætur [15]
giora höfnn upp i borgina so mykla, at þar matti [4] uel
liggia .l. og .cc. lang-skipa, so at þau uoru oll læst inann
borgar. Uar hier um buit med mikilli smid-uel, er inn
uar lagt i höfnina; og þar uar sem dyr uæri gioruar ꜳ.
Stein-bogi mikil uar uppi yfer sundinu, en firer durunum [20]
uoru sterkar iarnn-hurder og læstar innann ur [5] hofninne
med iarnn-goddum. Enn ꜳ stein-boganum uppi uar kastali
mikil, og uoru þar margar ual-slongur. Sumur hlutur
borgarinnar stod ut ꜳ sioinn, — eru þat sio-borger kalladar,
er so eru giorfuar, — og þar uar höfninn inann borgar. [25]

XVI.

Epter [3] þat er borgin uar gior, setti Palnatoki laug
med radi hinna uitruztu [6] manna þar i Ioms-borg, til þess
at þar skylldi gioraz meire afli lids, enn þar uar þa ordin.

---

     [1] *Ofver raden.*   [2] [uit frıd hann *med omflyttnıngstecken ofver*
uit *och* hann *hds.*   [3] *Inıtıalen saknas ı hds.*   [4] *Så.*   [5] *Otydligt.*
[6] uit[2]ztu *hds.*

Þangat skylldi sa einge madur radaz til foruneytis,
er elldrı uæri enn fimtugur, en eingi yngri madur enn
.xvííí. [1] uetra gamall; þar i milli skylldi aller uera at [2]
alldri.

[5]   Eingi madur skylldi sa þar uera i Ioms-borg, at rynne
undann einum manni iafn-uigligum sier og iafn-bunum, og [68]
so þott .íj. uæri um einn.

Huer sa madur, er þangat reids [3], skylldi hefna huer
annars sem fodur sins edur brodur.

[10]   Eingi skylldi þar kueik(i)a rog i milli manna.

Ecki skylldi þar og med upp-lostningar fara, med
lygi-kuittu; og þott þangat spyrdiz tidindi, þa skylldi
oll Palnatoka [4] fyst segia; enn hann skyldi ollum seigia.

Og eingi madur skylldi þar i Ioms-borg med frillur
[15] fara.

Enn sa sem fundinn uæri at þui, at af brygdi þessu,
sem nu uar talt, þa skylldi sa rækur og rekin ur lögum
þeirra, huort sem hann uar meira uerdur eda minna.

Aller þeir menn, er i Ioms-borg uoru eda uilldi uera,
[20] skylldu uel sam-þycker sin i milli, so sem þeir uæri aller
sam-borner brædur.

Þar skal eingi madur odrum fridbrot giorra; og so
þott þangat uæri tekit uit manni i borgina [5], er drepit
hefdi fodur mannz eda brodur þess, er þar uar adur
[25] firer, og kæmi þat sidar upp, enn uit honum hef(di)
tekit uerit, þa skylldi Palnatoki um þat allt dæma.

Eingi madur skyldi þar i Ioms-borg lata uera konu
nema nott.

Og ongum manni skylldi hlyda at burtu uera ur Ioms-
[30] -borg leingur en eina nott, nema Palnatoki gęfi leyfi til.

Og allt, þat er þeir feingu i hernadi, skylldi til skiptis
bera, bædi meira hlut og mina

Eingi madur skyldi sa uera i Ioms-borg, er mællti [69]
ædru-ord edur kuiddi nockuru, þott i ouænt efni kæmi.

---

[1] ííí *ofver raden*   [2] *Öfver raden.*   [3] *Sd* (— ré̄aık).   [4] P'. *hds.*
[5] b̄g'. *hds.*

Eingi skylldi þar liug-uitni bera.

Og onguann hlut skylldi þann at bera med þeim, at
eigi skyldi Palnatoka [1] segia þat allt,

     ecki frænd-semi þui rada eda aunur uenzl, þott þeir
menn beiddiz at radaz þangat, er yngri uæri eda i nockrum [5]
hlut uanfærer til at hallda þat allt, er i logum þeirra stod.

Enn ef þat reyndiz at sönnu, at nockr madur helldi
eigi laug þeirra, þa skylldi hann i burt reka, huort er
hann uar meire [2] hattar madur eda minne [2].

     Þeir sitia nu i Ioms-borg i godum fridi og hallda uel [10]
laug sin. Þeir fara huert sumar ur borginne og heria
uida um laund og afla sier mikils agætis, og þickia þeir
uera hiner [46 a] mestu her-menn, og onguer menn þotti
þeirra iafningiar uera i þann tima, og giorduz [3] þeir harlla [4]
fræger; þeir uoru kallader Ioms-uikingar.   [15]

XVII.

N u [5] er at segia fra Sueini kongi, at hann lætur sier
alla uega [6] uerda sem bez til Aka, sonar Palnatoka, og
lætur hann ecki þess giallda, þott nockr stygd hafi [a]
[70] ordit med þeim Palnatoka, og uirder kongur mikils fost-
-brædra-lag uit Aka. Aki rædur firer [a] [7] Fioni, sem [20]
fader hans hafdi hann til settann, og fyr uar getit; og
uar Aki en uin-sælazti madur og mikill höfdingi og rikur.

XVIII.

M adr er nefndur til saugunar, sa er Ueseti het; hann
rædur firer fylki þui, er heiter'i Borgundar-holmi; kona
hans heit Hilldigudur. Þau attu þriu bornn, þau er getit [25]
uerdur til þessarar sögu. Bui heit son þeirra og uar
kalladur hinn digri; annar het Sigurdr og uar kalladur
Sigurdr huite eda kapa; dotter þeirra het Þorgunna; hun

---

[1] P'. hds.   [2] Sd.   [3] giordiz hds.   [4] Otydligt.   [5] Initialen
saknas i hds.   [6] a under raden   [7] Öfver raden.

hafdi gipt uerit firer nockrum uetrum adr, og uar þa
andadur bondi hennar, er þetta til tidinda giordiz [1].

Sueinn kongur bidur Þorgunnu til handa Aka, fost-
-brodr sinum; og med þui at Aki uar fridr madur synum
[5] og uinsell, þotti Ueseta og sonum hans likligt þetta rad
til styrktar. Þa er Aka fostnud konann, og sidann er giort
brudhlaup þeirra uegligt med myklu fiolmenni; sat Sueinn [71]
kongur at ueizlune og marger gaufuger menn. Enn
epter uei(z)luna fer Sueinn kongur heim-leidis og so huer
[10] annara manna. Aki fer og heim med konu sina.

Samfarir þeirra Aka og Þorgunu uoru godar; og er
þau hofdu eigi leingi æ samt uerit, þa gatu þau sier son
at eiga, og uar sa Uagnn nefndur; hann uar snemindis [2]
bædi mikil uexti og sterkur at afli; hann uar allra manna
[15] uenstur synum, og uerdur hans getit sidar meir uit soguna;
skal hier standa .nu fyrst at sinne.

I þann tima red firer Sialandi iall, sa er Haralldur
het og uar kalladur Strut-Haralldur; enn þat uar til þess
haft, at hann atti einn hatt, þann [3] af gulli uar struturin,
[20] og uoru þar i tiu merkur gullz, og feck hann þar af
keningar-nafnn þetta. Kona hans het Ingegerdr; þau
gatu at eiga þriu bornn, þau er nefnd uerda i þesse [4] sogu.
Sigualldi het son þeirra; annar het Þorkell og uar kalladur
Þorkell hafi; Tofa het þeirra dotter. Guduruisi het madur;
[25] hann uar uitur madur og uissi marga hluti firer; hann [72]
uar radgi(a)fi Harallz iarllz og fe-hirder hans.

XIX.

Aki [5], son Palnatoka, red firer a Fioni med mikilli
uegsemd og risnni. Uagnn uar [6] þar upp fæddur heima
med fodur sinum; og þegar nockut ma marka hans skap-
[30] lyndi, þa er hann ongum manni likur i uandrædum sinum
og i skaplyndi; so uar hann hardfeingur uit allt, at uarlla

---

[1] *I marginalen.* [2] *smeindis hds.* [3] *Sá, utan relativpartikel.*
[4] *Otydligt.* [5] *Initialen saknas i hds.* [6] *Öfver raden.*

þottuz menn mega uit hann sæma. Og er so uar komit,
þa uar hann ymiz ä Fioni med Aka, födur sinum, eda i
Borgundar-holmi med Ueseta, modur-fodur sinum, og þickiz
huorgi mega koma til rads uit hann. Uit Bua er honum
bez allra sina frænda, og þat hefer Uagn hellz, er Bui ı
talar firer honum; uar Bua ' og uel til Uagns; at ongu
hafdi Uagn þat, at adrer frændur hans mælltu firer honum,
þegar er honum syndiz annann ueg. Uagn uar allra manna
mestur uexti og manna fridaztur synum og hinn mesti
at-gioruiz-madur um allar i-þrotter.   10

Bui, modur-brodr Uagns, uar fa-malugur madur og
hliodur optaz, storlyndur og allmikill i skapi. Bui uar
so sterkr madur, at menn uissu uarlla afl hans, þuiat
₇₃ honum uard alldri afla-fatt, til huers sem hann tok; enn
ecki uar Bui andlız-uænn madur, enn uel uar hann i ₁₅
uexti og allra manna sterkligaztur, og uar ‚hann þui Bui
digri kalladur; og er þat mal manna, at Bui hafi sterkaztur
madur uerit i allri Danmork i þann tima, sem hann
uar. Sigrdur ' kapa, broder Bua ², uar uenn madur ؛ä
skins-lit og lidmannligur og kurteis; hann uar famalugur ₂₀
og mikill madur i skapi.

[46 b] ' Enn fra Siguallda er þat at segia, at hann
uar nefliotur madur og biugleitur, faulleıtur; hann uar
eygdur allra manna bezt og uel ä sig kominn; hann uar
uitur madur og slægur og sterkur at afli. Þorkell, broder ₂₅
hans, uar allra manna hæstur at uexgti og ramur at
afli; hann uar spekingur at uite.

Þeir brædur Sigualldi og Þorkell uoru her-menn mykler
og allsigursæler; þeir feingu i Austur-ueg .íj. menn at her-
-fangi; het annar Hauardr og uar kalladur haugguandi, ₃₀
enn annar Aslakur og uar kalladur holm-skalli. Þeir
brædur Sigualldi og Þorkell gafu þessa menn Tofu, systur
sinne, til sko-sueina og þionuztu; þeir uoru mykler menn
firer sier, ouægner og hardfeingner og sterker at afli.

' Sä. ² Under raden. ³ En stor del af denna handskrifts-
sıda ar mycket nött och darıgenom svårläst.

XX.

Þat [1] er sagt, at þeir brædur Sigualldi og Þorkell bua [74] .íj. skip og ætla at far(a) ur landi til Ioms-borgar og uita, ef þar uæri uit þeim tekit, og spyria Haralld iarll, fodur sinn, hue radligt honum þætti þat. Enn hann suarar [2] og kallar þat radligt at fara þangat [at finna [3] so :n-gæta menn, "og mun þa reynt uerda [4], huad manna þier uerdit eda erut." Þeir bidia þa fodur sinn fiar-til-lagna og so uista til ferdar þessarar. Iarll suarar [2] og kuad þa annat-huort fara þess hattar, at þeir feingi sier sialfer allt, þat er þeir [5] þurfu at hafa, eda [6] fara huergi ella. En nu fara þeir þo eigi at sidur, þott fader þeirra uilld(i) eigi [7] til leggia.

Fara þeir nu, þar til er þeir koma uit Borgundar--holm. Þeir þottuzt þurfa at fa sier nockut til uista og fiar-hluta, og toku þeir þat rad, at þeir ræna þar ollu fe og toku upp eitt bu Ueseta, þat er audigaz uar, og rǫntu þar ollu fe og baru ofann til skipa sinna og fara burtu uit so buit; og er ecki getid fleira um ferd þeirra, fyr [8] en þeir koma til Ioms-borgar. Þeir leggia skipum sinum [75] utann at borgar-hlidinu; [og] er Palnatoki uerdur (uar) uit skipin, þa geingur Palnatoki iarll, sem hann uar uanur iafnann, med mikit lid i kastalann, þann er uar yfer borgar--hlidinu. Og er Palnatoki iarll uerdur uar uid komu þeirra Siguallda, þa spyr Palnatoki, huer at redi lidi þessu; og hann sier, at skipin og her-bunadurinn [8] uar miog [8] uandadur, og af þui þottiz uita Palnatoki, at þesser menn uæri [8] miog :n--gæter. Madur stendur upp i lyptingu i raudum kyrtli; þat uar Sigualldi. Hann heilsadi Palnatoka iarlli, og sidann mællti hann: "Hier rada firer brædur .íj., syner Strut--Harallz, og heiti eg Sigualldi, enn broder minn Þorkell; enn þat er eyrindi mitt hingat, at eg og broder min uilium til lids med ydur med þeim monnum, er ydur

---

[1] *Initialen saknas i hds.* [2] *.f. hds.* [3] [*Otydligt och under raden.*]
[4] *u'da hds.* [5] *þı'⁷ hds.* [6] *Otydligt.* [7] *e' hds.* (= ecki?). [8] *her ofver raden och mycket otydligt.*

3

þickia nytandi af uoru lidi." Palnatoki seger: "Gott ord
[ris af yckur brædrum [1], enda er þat epter kyn-ferdi
ydru." Sidann redz Palnatoki um uit menn sina, huort
uit þeim skal taka eda eigi [2]. Palnatoki seger sier kunnigt
um ætt þeirra brædra [2], at þeir uoru uel borner. Enn 5
þeir urdu ʒa þat satter, at Palnatoki skylldi rada firer
þann ueg, sem hann uilldi, og kolludu þat sitt rad, sem
hann tæki upp. Sidann mællti Palnatoki til Siguallda: "Ef
76 þier uilit hier uera i Ioms-borg, þa skulu þier uita adur
lòg uor," og seger Siguallda lòg þeirra; og sidann er upp 10
lokit borginne. Enn þeir brædur iata sig under lòg þeirra,
og roa þeir inn i borgina med lid sitt. Og epter þat
er þeir uoru komner i borgina, er reynt lid þeirra, huort
þeir uoru aller lid-færer at ganga i lòg þeirra Ioms-
-uikinga; enn su uard raun æa, at helmingur annar þotti 15
nytur uera, enn annar helmingur uar aptur sendur; og
er þa tekid uit þeim Siguallda og brodur hans og halfu
hundradi manna, og eru þeir leidder i lòg þeirra Ioms-
-uikinga; og ef sidann koma nockrar saker upp þessa
manna, þa skal Palnatoki um þat dæma. [47 a]   20

XXI.

Nu er þar til at taka, at Ueseti spyr fiar-upp-tokuna,
og uerdr hann eigi uel uit þat; og tekr hann þat rad
fyst, at hann setur aptur sonu sina at ollum giorningum;
þuiat Ueseti uar uitur madur. Ueseti fer at hitta Suein
kong og seger honum ranid. Kongur red honum þat rad, 25
77 at hann skylldi fara fyrst at hitta Strut-Haralld og beida
hann bæta firer sonu sina, "so attu siert uel semdr af"
Ueseti iatar þessu og fer ʒa fund Harallz iarls og beider
hann bota firer sonu sina; enn iarll lezt eigi beta mundu,
þott þeir tæki sier kid edur kalf. Ueseti sender nu menn 30
til kongs at segia honum, at iarll uill eigi bæta ranit;
enn kongur bad hann lata uera kyrt og lez mundu senda

---

[1] *Mycket otydligt.*   [2] *Otydligt*

ord til iarls, at þeir sẹtiz; og so giordi hann. Enn er
iarlli komu þessi ord, þa sagdiz Haralldur iarll eigi mundu
hier firer giallda. Og er kongur spyr suor iarls, þa sender
Sueinn kongur [1] i odru sinni menn sina til iarls med
₅ þeim eryndum, at iarll kæmi a hans fund; og so giord(i)
hann. Kongur seger, huernn skada syner hans hafa giort
uit Ueseta, og bidur hann bæta firer þa. [Enn hann seger
Useta hafa ofeingit fiar þess [2], og lez hann ecki mundu
bẹta firer þat, þott ungmenne tæki nockra saudi eda naut
₁₀ sier til matar. Þa mællti kongur til iarls: "Nu mattu
fara heim, ef þu uillt, og hefi eg nu sagt, huad eg uilldi
þier. En so mun eg um mæla, attu a-byrgiz þig sialfur
og fe þitt firer Useta og sonum hans; og mun(u) uier
ónguann hlut i eiga, huersu sem fer med ydur, þottu þurfer
₁₅ uors lids, er þu uillt nu ecki hafa þat, er eg mæli firer
þier; en þat hyggium uier, at þui mun uer radit," seger ₇₈
kongur. Haralldur iarll suarar og kuez sialfur mundu
a-byrgiaz sig og fe sitt, "og all-litt em eg hrẹddur um
þat," seger hann, "og em eg ohrẹddur uit Useta ne sonu
₂₀ hans." Epter þat for Haralldur iarll heim.

XXII.

Þat er sagt, at Useti og syner hans fretta uit-tal Sueins
kongs og Harallz iarls, og þat at iarll uill eigi bẹta.
Enn giora þeir rad sin, og bua þeir .íííj. skip og .ccc.
manna, og bua þeir þat lid sem bez at ollu og fara sidann,
₂₅ þar til er þeir koma a Sioland, og taka þar upp .ííj. bu,
þau er auduguz uoru, firer Haralldi iarllı; og epter þat
fara þeir med þetta fe heim. Haralldur iarll spyr þetta,
at hann er ræntur þrimur buum; og nu i-hugar iarll
sitt mal, ad hann hafdi litt hlitt kong(s) domi, og nu kemur
₃₀ i [3] hug, huat kongur hafdi spad honum. Iarll sender nu
meṇn a fund kongs og uilldi uita, ef kongur uill sætta

---

[1] ord *tıllägger hds.* [2] [*Så. Skrıfvaren har tydligen ej furstått
sıtt original; jfr de andra redaktionerna.* [3] *Under raden.*

3*

þa; enn kongur bad iarll nu hafa rad sin enu godu og
79 sagdiz nu ecki mundu til sin lata taka. Sendi-menn foru
heim aptur og segia iarlli suor kongs. "Uier skulum
taka til uora rada," seger iarll, "ef kongur uill sier öngu
af skipta." Haralldur iarll fær sier nu .x. skip, og þau 5
byr hann sem bez at lidi. Hann fer sidann, til þess er
hann kemur i Borgundar-holm, og ræner þar og tekr
upp .iíj. bu firer Ueseta, þau er audbez ¹ uoru. Sidann fer
iarll heim i Sioland og hefur þetta fe med sier og þickiz
uel hafa fram geingit.   10

I þann tima uoru syner Ueseta i hernadi epter uanda
sinum; uoru þeir huert sumar i uikingu leingztum; heriudu
þeir um Austur-ueg. Uard Bui all-frægur af hernadi
sinum, þuiat hann hafdi iafnann sigur, þar sem hann bardiz;
uard honum bædi gott til fiar og frægdar.   15

Nu er þar til at taka, at Ueseti spyr fiar-skada sinn ²;
hann fer enn æ kongs fund, og tekr hann uel uit honum.
Ueseti kærdi sig firer kongi og seger, at ofridr mun ³ gioraz
i milli sialfra landz-manna, ef ⁴ sliku fer fram, at innann-
-landz-menn rænaz og þeir, er stiorn skylldi hafa æ rikinu, 20
og þar adra epter mundu breyta. Legz nu þann ueg æ
med ockur Haralldi iarlli um stund, at til ⁵ þess horfer,
at mann-drap munu af gioraz i milli uor, ef þier eigit
80 onguann hlut i; [47 b] þat kann uera, herra! at nu se betra
(at) at giora en sidar, þuiat ydrer menn eru huorir-   25
-tueggiu." Kongur seiger: "Eg mun fara bradliga til
þings þess, er heiter Iseyiar-þing ⁶, og stefni eg ydur
þangat, og skulu þid þa sættaz eda ligia uit ut-legd þeim,
er eigi uill sættaz." Epter þat for Ueseti heim; og lida
nu so fram stunder, þar til er þeir fara til þingsins.   30

Ok er so uar komit, þa fer Sueinn kongr æ þingit,
og hefur hann .xx. skipa; Ueseti fer og æ þingit og hefur
hann .iíj. skip; Haralldur iarll fer og æ þingit. Og er
kongur og Ueseti og Haralldur iarll uoru komner, þa

---

¹ Sá; (fel f. audguz?).   ² sina hds.   ³ Nästan utplånadt.
⁴ af hds.   ⁵ Under raden.   ⁶ Sá; jfr 37⁶.

setur Ueseti tiolld sin uit sioinn hia sundi ¹ þui, er næst
er þingstadnum; enn Strut-Haralldur hafdi tialldat buder
sinar nockru lengra upp fra; enn Sueinn kongur setti ²
þar i mille.

XXIII.

₅ Nu er at segia fra Bua digra, at hann hafdi uerit i
hernadi um sumarit, so sem fyr uar sagt. Og er Bui for
heim-leidis, spyr hann, at fader haus uar ræntur, og þat,
at þing uar stefnt i Iseyium ³. Þa helldur Bui skipum
sinum til Siolanda og kemur þar uit ⁴, er hofud-bær iarls
₁₀ uar ;a landi uppi; þar uar þa Guduruisi rad-giafi og fe- ₈₁
-hirder. Enn er þeir Bui uoru þar komner, ganga þeir
;a land upp og til bæiar iarls; þeir brutu upp hus þat,
er fe iarls uar uardueitt i og aller enu dyrster griper
hans; þeir toku allt fe, enn Bui drap Guduruisa, fe-hirder ⁵
₁₅ iarls. Þar tok Bui .íj. kistur fullar af gulli, so at i
huorri uoru .x. pund gullz, og hafdi Haralldur iarll þær
feingit i hernadi; Bui tok tignar-klædi iarls. Fer Bui
nu i burtt med þessu fe til skipa sinna, og fara sidann
til ⁴ þingsins.

₂₀   Og er ;a leid dagin, sia ⁵ menn af þinginu fara fra
h(e)imile Harallz iarls .xx. skip; og er þau nálgaz þangat,
þa leggia þeir menn i lægi og ganga af skipum sinum
og upp ;a land med ollu lidi sinu; og eru þar komner
syner Ueseta, þeir Bui og Sigurdur. Bui digri uar alluel
₂₅ buen at klædum, og hafdi hann þann klædnad, Strut-
-Haralldur atti beztann; en þau klædi uoru so fe-mikil,
at þar komu til .x. merkur gullz. Þeir brædur ganga med
fylktu lidi sinu ollu ;a þingit aluopnudu. Bui digri hafdi
;a hofdi sier hatt iarls, þann er til kuomu .x. merkr gullz.
₃₀ Bui mællti þa til Harallz iarls: "Þat er nu, Haralldur!
at þu sæker til gripa þessa, er nu sier þu (mig) med

---

¹ fund'i *hds.* ² tiolld sin *bor kanske insättas.* ³ *Så.* ⁴ *Under*
raden. ⁵ s˟ *hds.* (— sau?).

82 fara, ef þu þorer, og se nockr dad i þier, firer þui at nu
em eg albuinn at beriaz uit þig, ef þu bilar ei."

    Sueinn kongur heyrdi ord Bua og þottiz skilia, at
hann mundi hafa æ-mæli af, ef hann lætur þa na samann
at beriaz, er hann hafdi so mikit um mællt, at [1] þeir [5]
skylldi sættaz; þar sier og kongur, at iarll hefer ecki
lids-afla uit Bua. Kongur tekr nu þat rad, at hann
geingr i milli þeirra med sinu lide, og na þeir eigi at
beriaz; og bidur kongur þa grid setia og lez nu uillia
dæma mal manna sinna. Bui digri suarar og kuez alldri [10]
af mundu lata kisturnar, er hann tok firer iarlli, enn
kongur dæmi um allt annat; og nu kemur so, at þeir
iata þui, at kongur giore allt annat, þui-likt sem honum
likar. Þa mællti kongur til Bua: "Ollu skalltu rada, Bui!"
seger kongur, "og skalltu hafa þitt mal, og skalltu hafa [15]
gull-kistrnar [2] og so mikit fe annat, at þier frændur se(t)
uel sæmder af; enn lausa [3] uerdr þu at lata gripi iarls
og giora honum eigi þa suifuirding, at iarll nai eigi tignar-
-klædum sinum." Og nu uerda þeir a þetta satter a þann
ueg, at iarll skal hafa tignar-klædi sinn oll, enn kongur [20]
skylldi giora slikt um annat, sem honum þætti iafnnadur
83 Og nu lætur kongur um giora med þeim hætti, sem adur
uar fra sagt; enn firer þat at iarll naer gripum sinum,
skal hann gipta Tofu, dottur sina, Sigurdi kapu, og skulu
henni þessi fe heimann fylgia, og [4] skal eigi aptur gialda [25]
audru-uisu upp-tak buanna, þeirra er iarll [48 a] atti. Þui
giordi kongur þann ueg sætina, at honum þotti þat likaz
til, at halldinn mundi uera, ef mægder tekiz med þeim.

    Þeir fedgar toku uel þessu, og heiter [2] Ueseti at leggia
til uit [5] Sigurd· allz fiar þridiung [6]; og likar Sigurdi nu [30]
uel, og fara nu aller satter heim af þinginu til h(e)imilis
Strut-Harallz, og skulu þa þegar takaz þessi rad; og er
nu þar druckit brudhlaup þeirra Tofu og Sigrdar [2] med [7]
mikille tignn og uirding. Og epter ueizluna for kongur

---

[1] sa hds.   [2] Så.   [3] laus' hds.   [4] Under raden.   [5] Öfver raden.
[6] f[i]ar sins till. hds.   [7] I marginalen.

heim, og Ueseti og syner hans fara og heim i Borgundar-
-holm, og er kona Sigurdar i ferd med þeim.

XXIV.

Þa [1] er þeir brædur hofdu skama stund heima uerit, þa
fystiz Bui at fara til Ioms-borgar og auka þar æ-geti [84]
5 sitt; Sigrdur [2] uill fara. þott hann [giptur se [3]. Og þegar
at uora tok, buaz þeir brædur og hafa .íj. skip og .c.
manna, og giora sem likazta ferd sina, sem þeir Sigualldi
hófdu adur giort. Fer Bui nu med sinum monnum, þar
til er þeir koma til Ioms-borgar og leggia utann at borgar-
10 -dyrum.

Og er hofdingiar i Ioms-borg uerda uarir uit komu
þeirra, þa ganga þeir Palnatoki og Sigualldi og Þorkell
med myklu lide i kastalan, og þeckia þeir mennina. Bui
tok til orda og mællti: "Þat er erryndi mitt hingat, Palna-
15 toki! at uier uilium radaz til lids med ydur." [Palnatoki
seger [4]: "Kunnigt er mier til ættar þinnar, Bui! og ert þu
uit-frægur madur og æ-gætur af morgum storuirkium."
Þa mællti Sigualldi: "Huersu hafi þier Strut-Haralldur
sæzt æ mal ydur, adur en þier forut hingat?" Bui seger:
20 "Þat er lóng saga at segia fra uidr-skip(t)um uorum, og
ma þat eigi i skaummu mali ne þat allt inna, er uier
hofum samann att; enn þau urdu mala-lok, at Sueinn
kongur giordi i milli uor, og eru uier nu satter." Palna-
toki mællti til manna sinna: "Uilie þier til hætta at taka
25 uit þessum monnum, huort þeir segia satt edur eigi? [85]
Enn all-fus uæri eg til at taka uit þeim og mest þo
firer sæker [2] Bua, þuiat hann er adur reyndur at hard-
feingi og er hinn mesti kappi, og þess uænter mig, at
faer eda ónguer se hier þui-liker firer i Ioms-borg." Ioms-
30 -uikingar suara: "Uier uilium gefa þier orlof til at taka
þessa menn i log uor, ef þu uillt; en ef nockrer hluter koma

<hr/>

[1] *Initialen fattas i hds.* [2] *Så.* [3] *[se giptur med omflyttnings-*
tecken hds. [4] *[P². f. feg¹ fi¹ hds.*

þeir sidann upp um hagi þeirra, er storsaukum gegndi [1],
þa skal þat i ydru ualldi uera og i þiuu um-dæmi uera."
"Þat er minn uilie," seger Palnatoki, "at uier [2] tokum uit
þeim brædrum, þuiat oss er at þeim mikil styrkur." Og
epter þetta er upp lokit borgiuue, og þeir legia þa inn [5]
i borgina skipum sinum; og sidann er reynt lid þeirra, og
uerdur su raun :a, at .lxxx. manna uoru [3] epter (i) Ioms-
-borg af lidi þeirra brædra, enn .lx. foru i burt.

Nu eru [4] þeir Bui þar i borgine i godu yfer-læti og
uirdingu af Palnatoka og ollum Ioms-uikingum. Heria [10]
þeir huert sumar :a ymsi lönd og hafa iafnann sigur, þar
sem þeir beriaz, og afla sier mikils fiar og :a-gętis. Bui
uar i hernadi huert sumar med Ioms-uikingum; og i
ollum oruztum uar og eingi fremre en Bui og hans menn.
[55] Uann Bui og þui meire frægd, sem hann uar sterkari enn [15]
neinn madur. Og hallda þeir sliku fram huert sumar;
en huert haust foru þeir aptur i Ioms-borg [5] og hafa þar
uetur-setu.

XXV.

Þat [6] er sagt, at Uagn uex up :a Fioni med fedur
sinum Aka, enn stundum uar hann med modur-fodur. [20]
Uagn uar madur so udæll i upp-uexti sinum, at þat er
sagt, at þa er hann uar .x. uetra gamall, hafdi hanu
drepit .ííj. menn. Uagn er nu heima, þar til er hann
er .xíj. uetra gamall. Uagn uar þa so sterkr, at eigi
feck þa menn, at hans iafningiar uæri, þott fullkomner [25]
uæri i allann þroska. Uagn uar allra manna uænstur
[48 b] og fridaztur [7] at allri :a-sionu, þeirri er menn hofdu
sed, og um alla at-giorfui og i-þrotter um fram adra
menn; og til uigs at telia matti hann epter sinu afli og at-
-giorfui, og eigi uar hann minni at hug og :a-rædi; en [30]
so uar hann hard-feingur, at frændur hans þottuz ualla

---

[1] *Så.* [2] *Öfver raden.* [3] uar *hds.* [4] *I marginalen.* [5] Joms
borgar *hds.* [6] *Initialen saknas i hds.* [7] f·dazt· *hds.*

mega uit hann sæma. Aki, fader hans, tekr þat rad, at 87
hann feck Uagni .íj. skip og .c. manna, og er eingi elldri
madur, sa er honum fylger, enn tuitugur, enn eingi yngri
enn .xvííj. uetra, nema sialfur Uagn; hann uar .xíj. uetra.
5 Hann bad sier nu ecki fleirra fa og kuez sialfur mundu
fa sier uister og þat annat [1], er hann þurfti at hafa.
Uagn fer nu sidann med þessu lidi firer endilanga Dau-
mork; hoggur hann sier osparliga strand-hogg; hann ræner
bædi klædum og uopnum og her-klædum, og so lykur, at
10 Uagn skorter ecki og menn hans þat, er þeir þurftu at
hafa, og [fer Uagn med þat [2] ur Dana-kongs uelldi, at
hann lætur þa fa sier þat, er þeir þurftu at hafa.

Uagn fer nu, þar til er hann kom til Ioms-borgar;
hann kemur þar snema um myrgin i solar-rod; hann
15 legur utann at steinboganum; enn þegar þeir Ioms-uikingar
uerda uarer uit þetta, þa ganga þeir Palnatoki og Bui
og Sigualldi med myklu lidi i kastalann, sem þeir attu
uanda til, og spyria þeir þadann tidinda, eda huerir komner
uæri. Þa stod Uagn upp og spyr i moti, huort Palna-
20 toki iarll se i kastalanum; hann suarar og kuez þar uera,
"eda huerir eru þesser til-komu-menn, er so lata rik-
mannliga?" Uagn seger: "Ecki skal ydur leyna þui;
eg heiti Uagn og er eg Aka son, og er eg til þess
eryndis hingat komen, at eg [3] uillda radaz i lid med ydur, 88
25 þuiat eg þiker eigi all-hægur heima, og þotti frændum
minum mal, at eg færi i burtt." Palnatoki seger: "Þicki
þier þat radit, at þu siert hier hægur uit-skip(t)is, ef
frændur þiner þottuz traut mega uit þig sæma heima?"
Uagn seger: "Logit er mest at mier um stormenzku þina,
30 ef þier uilit eigi taka uit mier."

Palnatoki mællti þa til sinna manna: "Huad þicker
ydur rad, huort uier tokum uit Uagni eda eigi?" Bui
seger: "Þat er mitt rad, at hann komi hier alldri innann
borgar med skaplyndi þat, er hann hefur; og uar honum

[1] ann͟n hds. [2] [fer med þat Uagn *med omflyttningstecken hds.*
[3] *Öfver raden.*

þo til min bez allra sinna frænda." Þa mællti Palnatoki:
"Uit þier uilia frendur þiner risa, Uagn! og aller, þeir
er uita deili a þier." Uagnn spyr, "huort menn uerda
at þui berer, er þar standa hia þier, at uilia eigi taka
uit mier? Enn eigi uar mier þess uon at Bua, frænda s
minum, at hann mundi at þessu uerda kunnur." Bui
seger: "Þar em eg þo kunnur at þui ordin, at eg fys ecki
a at taka uit þier, og helldur uil eg letia þess, at uit
þier se (te)kit; enn þo skal Palnatoki þessu rada, sem
ollu odru." — "Enn huat leggia þeir til, syner Strut- 10
-Harallz," seger Uagn. Sigualldi suarar: "Hafa skulu
uier einord til þess, at uier uilldum alldri, attu kæmer
i uorn flock."

89   Palnatoki mællti þa til Uagns: "Huersu gamall madur
ertu, frændi?" Uagn seger: "Ecki skal eg liuga at 15
ydur til þess; eg er nu .xíj. uetra." Þa mællti Palnatoki:
"Þat eru eigi laug uor at taka uit so ungum monnum,
— — — [1] en uier hofum logtekna [2]." Uagn seger: "Eg
mun ecki þess bidia [3], at þier briotit lög ydur a mier;
enn þa eru þau sizt brotinn, ef eg er i fram-gongu sem 20
einn-huer yduar madur, sa sem þier hafit adur laugtekinn,
þo at eg se yngri at alldri; og syniz [4] mier þa eigi brotin
laug ydur, þuiat eg ætla ecki at renna firer einum ydrum
manni, þott hann se .xuííj. uetra gamall eda elldri." Pal-
natoki mællti þa: "Halltu ecki leingur a þessu; eg mun 25
senda þig til Bretlands a fund Biarnnar ens brezka, og
firer uora frændsemi þa gef eg þier halft riki þat, er eg
a þar." Uagn seger: "Uel er þetta gefit, en eigi uil eg
þigia þin bod, er þu bydur."

Þa mællti Palnatoki: "Huad uilltu þa, frændi, er þu 30
uillt eigi þigia slik bod?" — "Þat skal nu lysa firer
ydur, huat eg uil," seger Uagn; "eg byd Siguallda, syni
Strut-Harallz, at hann leggie at oss ur borginne med
.íj. skip og .c. manna, og reyn [5] sidann [49 a] med oss, huorer

---

[1] *Luckan* (— ertu myklu yngri madur, *ell. ngt dylikt? Jfr
Fms. XI, 92 f. och Cod. Holm.* 67[1b]) *ej betecknad i hds.* [2] logtektna
hds. [3] bd[a] *hds.* [4] *Så.* [5] *Så; mójl. skriffel för* reynum

at betur mega eda undann lata, og skal þat mark uera
giort til þess, at þier takit uit oss, ef þeir leita undann;
enn ef uier uilium[1] undann leita og hofum uier lægri[2]⁹⁰
hlut, þa skulum uier i burtu fara; og eigi byd eg þetta
⁵ med minna kappi enn so, at Sigualldi beriz uit oss, ef
hann er oragur karllmadur, og hafi hann helldur mannz
hug, enn blauds kuıkuendis." "Nu matu heyrra, Sigualldi!"
seger Palnatoki, "huad þesse madur mæler, eda huersu
litt hann uandar ord at þier; en þess uænter mig, attu
₁₀ komer i mykla mann-raun af þess[um] inum[3] unga mannı;
uit þat er so miog er um mællt af Uagns hendi, þa
kann eg eigi at letia þig, at þier legit at þeim og giorit
slikt illt ıa monnum hans, sem þier megit. En ef[4] þier
berıt hæra hlut, þa uil eg, at þier uariz at uinna 'n Uagn,
₁₅ firer þui at ydur mun þat eigi uel gefaz firer sæker[2]
frænd-semi uor i mille; enn takit hann hondum og ferit
mier hann," seger Palnatokı; "en þess get eg, at nu uerde
þier reynder."

XXVI.

Epter þat byr Sigualldi lid sitt til oruztu. Þeir leggia
₂₀ nu ut ur Iomsborg og til[*] moz uit Uagn; og er þeir
hittuzt, slær þar þegar i bardaga. Þat er fra sagt, at
Uagn og hans menn giora fyrst so harda griot-hrid þeim
Siguallda og monnum hans, at þeir mega ecki annat en ⁹¹
at hlifa sier. Enn er griotit tok at fætkazt, þa þurftu
₂₅ þeir Sigualldi ecki at bida skotuopna af Uagnni og hans
monnum, [at hiner mega ecki annat en at hlifa sier[*]; enn
er þat tók at þuerra, þa beriaz þeir med suerdum all-
dreingiliga. Ok þar kom, at Sigualldi lætur undann til
landz og uilldi fa sier griot. Þeir Uagn hallda þa[*] epter,
₃₀ og finaz þeir nu ıa landi, og uard Sigualldi nu uit at
snuazt, huort sem honum þotti betra eda uerra; og uerdur

---

[1] I marginalen. [2] Så. [3] Skrifvaren har först skrifvit m' [4] Af
skrifvaren andradt från e^e [5] Oriktig upprepning? [6] Öfver raden.

nu aunnur atlaga med þeim, og er nu þetta¹ myklu hardari¹
enn hin fyrri, og ueiter þeim Siguallda þessi hrid þungt.

Palnatoki er upp i kastalanum og adrer Ioms-uikingar,
og sia þeir au bardagann. Palnatoki sier nu, huersu fer,
og mællti, at þeir skyldi letta bardaganum, "og mun eigi ⁵
endazt Siguallda;" og seger Palnatoki, at "þreyta skal ²
til lykta med ydur; og er þat mitt rad, at uier tókum
uit Uagni, þott hann se yngri at alldri, enn mællt er i
lögum uorum; og er god uón, at Uagn uerdi hinn mesti
kappi, og so synizt mier, sem hans felagar se hiner mestu ¹⁰
kappar."

Nu giora þeir so, sem Palnatoki hafdi mællt, at þeir
bregda bardaganum, og hefer [49 b] nu synzt ³, huorer
₉₂ meira mattu; og taka þeir nu uit Uagni, og er hann
nu tekin i lóg med Ioms-uikingum og aller hans menn ¹⁵
med radı ok uilld allra Iom(s)-uikinga.

I bardaga þeirra er sagt, at fallit hafi ⁴ af Siguallda
.xl. manna, enn af Uagni .xx. menn, enn marger uoru
sarer af huorum-tueggium. Ok er nu Uagn med Ioms-
-uikingum, og er þat sagt, at Uagn er so hægur madur, ²⁰
at eingi anara er iafn-hóg-uær i Iomsborg sem hann.
Uagnn uar huert sumar ur Iomsborg i hernadi sem adrer
Ioms-uikingar, og setti Palnatoki hann yfer myklu lidi;
ok þott Uagn uæri ungur at alldre, þa uar eingi huatare
ne diarfare i ollum hernadi, og uar eingi bardaga-madur ²⁵
meire enn Uagn og hans menn, og uar Uagn hinn mesti
ofur-hugi.

Fer nu þessu fram, at Uagn er i uikingu sem adrer
Ioms-uikıngar, ug uinna þeir aller samt huert sumar morg
og stor afreks-uerk, þott hier se eigi sier huer greind, ³⁰
og baru þeir sigur af ollum þiodum; og so kom, at aunguer
menn uilldu hafa ofrid uit þa, ef þeir attu kosti, og gafu
þeir sialfa sig i ualld þeim og eigner sinar allar. Og
fengu þeir Ioms-uikingar þui-likann ifer-gang, sem þeir
uilldu, huar er þeir kuomu, og for þeirra frægd um allar

---

¹ *Så.* ² *Òfver raden.* ³ syn¹zt *hds.* ⁴ h¹ *hds.*

nordur-alfur heimsins, og uoru þeir firer ollum odrum ⁹³ her-monnum; og uoru þeir heima i Iomsborg huern uetur.

XXVII.

Þat er sagt, þa er Uagn hafdi uerit .íííj. sumur med Ioms-uikingum og .ííj uetur og hid fiorda haustit, er þeir 5 kuomu heim i Iomsborg, og þeir hofdu skamma stund heima uerit, — þa kendi Palnatoki sier sottar. Þa uar Uagn .xu. uetra gamall.

Og er Palnatoki hafdi tekit sottina, þa bioda þeir Burizleifi kongi til Iomsborgar ia fund þeirra. Þa mællti 10 Palnatoki til kongs: "Þat er hugbod mitt, hera! at eg mun eigi fleire sotter taka enn þessa, og ma þat eigi olikligt þickia firer alldurs saker mins [1]. Enn þat er mitt rad, at madur se tekinn i minn stad, og se sa höf(d)ingi hier i Iomsborg at skipa þeim malum, er eg 15 hefi adur firer uerit settur." Þa mællti Burizleifur kongur: "Huer þicker þier bezt til fallinn at uera hier firer?" Þa mællti Palnatoki: "Marger eru hier agætis-menn at hreyste ⁹⁴ og myklir kappar, enn sialf-hælni mun ydur þickia i þui, sem eg segi; enn þat hygg eg, at skorti nockut at þui, 20 sem eg hefi uerit. [50 a] Enn þeir Bui og Uagnn eru firer ödrum ollum monnum hier firer saker styrks allz og iþrotta, og mester af sialfum sier um alla at-giorfui; enn eigi hafa þeir skaplyndi med ollu, er mier þætti þeim manni heyra, er hier skal firer uera. Bui er famalugur 25 og nockut stridlyndur, og so Uagn, at hann er fataladur; enn eingi er uitrari enn Sigualldi, og [2] hefur (hann) mestann hofdingskap, og hann þicki mier hellzt til fallinn, bædi firer saker uizt [3] og radagiordar, at dæma um þau mal, at hier kunnu at ad berazt." Burizleifur kongr suarar 30 þa: "Oppt hafa ydur rad oss uel gefiz, og skal þetta hafa, er þier hafit nu til lagt, og mun oss þat ollum bezt gegna. Enn þat er oss uggganda, at eigi mun leingi kostur þinna

---

[1] mī°s *hds.* [2] *Under raden.* [3] *Sá* (= vits).

rada, ok er oss at skylldara at hafa id sidazta. Hefer
oss og enn mesti styrkur at ydur ordit, og hafa sıdaun
færri uort riki angrat af ut-lendum þiodum."

Þat er sagt, at Sıgualldi uar ecki þessa ôfus; og
⁹⁵ geingur hann under þetta ad radi Burızleifs kongs og ⁵
Palnatoka og allra Iom(s)uikinga. ₊Palnatoki gefur Uagni
riki þat, er hann atti i Bretlandi, til eignar og forrada
med Birnne brezka. Palnatoki bidur Uagni uirkta alla
uega uit lidit og for þar um morgum fôgrum ordum, og
syndi hann þat i þui, at honum þotte myklu skipta, at ¹⁰
þeir giordi uel til Uagns. Og litlu epter þetta andadizt
Palnatoki; og þotti þat ollum monnum ınikill skadi, þuiat
naliga þotti eingi hans iafnningi i þann tima.

XXVIII.

Epter andlat Palnatoka tekur Sigualldi uit forradum i
borginne. Þesser ucru þa mester hôfdingiar i borginne ¹⁵
Ioms-borg: Uagnn Aka-son, Bui digri, Þorkell hafi, Sig-
urdur kapa. Ok er Sigualldi hefer skama stund radit
firer Iomsborg, þa breyttizt nockut hattur i borginne af
þui, er uar um daga Palnatoka. Eru þar þa konur i
borginne tueim nottum leingur; so eru menn burt ur ²⁰
borginne; og stundum uerda ₌a-uerkar i borginne og so
ein-staka uig.

Og er þetta er tidinda, fer Sigualldi ur borginne og
⁹⁶ til fundar uit Burizleif kong. Burizleifur kongur atti
sier .ííj. dætur, þær er nefndar eru ı þesse sogu. Astridur ²⁵
het in ellzta, og uar hun bædi uitur og uæn; Gunn-
hilldur het onnur; Garta het in yngsta, hennar feck Olafur
Tryggua-son. Enn ̄er Sigualldi kom ₌a fund Burizleifs
kongs, þa bydur hann kongi .íj. kosti, þann annann, at
hann mun gefa upp Ioms-borg og hallda hana ecki leingur; ³⁰
hinn er annar, at hann gæfi honum Astridi, dottur sina.
Kongur suarar: "Þat hefda eg ætlat, at gipta hana tignara
manne, enn þu ert, Sigualldi! Enn þo er mier naudsyn,

at þu siert i borginne, og skulum uier nu radaz um oll
saman, huat oss þicker radligazt at at giora."

   Sidann hitter kongur Astride, dottur sina, og spyr,
huersu henni uæri at skapi þessi rada-hagur, at hun uæri
⁵ gipt Siguallda, "þuiat eg uillda," seger hann, "at uier
semdum þetta rad med. uitz-munum, og þo so, at Sigualldi
fari eigi i burt ur Ioms-borg, þuiat eg þarf hans miog
til land-uarnar firer riki mitt." Astridur suarar: "Þat
er," seger hun, "at eg uillda alldri eiga Siguallda, enn ⁹⁷
¹⁰ þo skulu þier honum eigi fra uisa med öllu. Þat skal
hann til uinna þessa rada-hags, er med ollu er eigi litit,
at hann skal koma sköttum af Uinlandi, so at alldri sidann
gialldi þeir skatta Dana-kongi; hinn er annar, at hann
komi hingat Sueini kougi af Danmork, eigi med fleire
¹⁵ menn, enn so at þier [50 b] eigit allt ualld æ honum.
Þetta skal hann hafa unnit, adur hann komi i sömu sæng
hia mier."

   Burizleifur kongur ber nu þetta mal upp firer Sig-
uallda. (Sigualldi) uard hliodur micg uit þetta og skildi,
²⁰ at þetta mundi uarla laust firer liggia, og mællti þa af
annare stundu: "Þetta er hardla mikil þraut, herra!"
seger hann, "eda huersu skal eg fa þetta giort?" Kongur
suarar: "Eigi kann eg braugd þin og slægder, ef þu fær
eigi rad til þessa." Enn med þui at Sigualldi uar fus til
²⁵ rad-hags uit Astridi, er þat fra sagt, at þessu iatar Sig-
ualldi; og sidann binda þeir þetta fastmælum myklum sin
i mille, og skal ¹ þetta uera fram komit firer enu þridiu
iol; enn ef þat efnnizt eigi epter þui, sem akuedit uar,
þa skulu mal þesse laus.

XXIX.

³⁰ A þessu hinu sama uori fer ² Sigualldi þegar ur landi, ⁹⁸
og hefer hann þriu skip og .ccc. manna. Hann fer, þar

---

¹ I marginalen. ² Af skrifvaren andradt från for

til er hann kemur uit Sioland, og hitter þar menn at
mali og hefer fretter til, at Sueinn kongur er ꜳ ueizlu
uit .dc. manna ꜳ land upp skamt fra þui, er Sigualldi
uar at kominn. Ok er Sigualldi þickizt þat sannliga spurt
hafa til Sueins kongs, þa leggur hann skip sinn uit eitt ₅
nes, þar er huergi uoru skip ónnur i nand; enn þetta uar
skamt fra þui, er Sueinn kongur uar ꜳ ueizlunne med
sinu lidi. Sigualldi snyr fram-stófnnum ꜳ skipum sinum
fra landi, og teingia samann huert at stafne ódru og
loggia samann óll og ut ꜳrar allar i hareidar. Sidann ₁₀
sender Sigualldi .xx. menn skilrika ꜳ fund Sueins kongs
og mællti, at þeir skylldı þat seigia kongnum, at Sigualldı
uilldi finna hann; og enn mællti hann so: "Þier skulut so
seigia Sueim kongi min ord, ef hann uill eiġi fara ella,
at þar ligge uit allt riki hans og hid sama lifit. Þier ₁₅
skulud segia mig hardla ¹ siukann miog og nær kominn
at dauda."

₉₉   Sendi-menn Sigvallda fara nu, til þess er þeir koma
til bæarins, og ganga inn i hollina og firer konginn, og
sa er firer þeim uar ber þegar upp sin eyrindi. Enn er ₂₀
Sueinn kongur heyrdi þessi tidindi og skildi, huat honum
la uit, at hann fyndi Siguallda, þat og annars, kongr
trudi, at Sigualldi uæri huergi fær at fara fra skipum
sinum firer uanmattar saker, fer Sueinn kongur þegar
ofann til skipa Siguallda med ollu lidi þui, er at þeirre ₂₅
ueizlu hafdi uerit med honum. Sigualldı uar ꜳ þui skipe,
er yzt la og first la landi; hann liggur i reckiu og uar
hardla þungt halldinn.

Enn er Sigualldi sa lidit, þa mællti Sigualldi til sinna
manna, so at þeir mattu skilia, er næster uoru honum, huat ₃₀
er hann mællti: "Þa er .xxx. manna eru geingner ut ꜳ
skip þat, er næst er landi, med kongi, þa kippi þier af
brygium þeim, er ꜳ landit liggia ², ok upp i skipit, og
mælit so: 'Sókue eigı menn skipum under oss, ne trodit
siuka menn under fotum!' Uænter eg, at kongur mune ₃₅

---

¹ Bor kanske strykas.   ² liggur hds.

fara fyst; enn þa er kongur er kominn :a midskipit með
.xx. menn, þa skal kippa þeirri bryggiu, er i milli skipanna
er; og er kongr ¹ er kominn með .x. menn :a mitt skip
sialfs, þa skal kippa þeirri bryggiu ², er :a þetta skip
⁵ liggur; enn eg mun þa leita mier rads." Sigualldi mællti ₁₀₀
þetta með litlum mætti, enn þo matti þat skilia.

   Sueinn kongur kemur nu með lid sitt. Hann spyr
nu, huortt Sigualldi uæri allmatt-litill; honum uar sagt,
at ³ all-miog þyrri mætti hans. Kongr fer nu :a þat skip,
₁₀ er næst uar landi, og sidann huertt ad audru, til þess er
hann kemur :a hid yzta [:a a] skipit. Menn Siguallda
foru nu með ollum hlutum, so sem hann sagdi firer og
hafdi rad til giort. Og er Sueinn kongur er kominn með
x.⁴ mann :a þat skip, er Sigualldi liggur :a, þa spyr
₁₅ kongur, huort Sigualldi hefdi mal sitt; honum uar sagt,
at suo uæri at kalla. Sidann geingr kongr aptur i lypt-
ingina og þar at, er Sigualldi la, og lytur nidur og spyr,
huort hann ma heyra ord hans, eda huer tidindi hann
kynni at segia honum, er so stort liggr uit, at þeir
₂₀ fyndizt. Sigualldi suarar: "Luttu nidur at mier, herra!
þa muntu helldur nema mal mitt, þuiat eg er nu lag-
-mælltur." Enn er kongr lytur nidur at honum, þa tok
Sigualldi badum höndum um kong midiann og hellt honum
með ollu fast, og er hann þa eigi all-matt-laus. Epter
₂₅ þat kallar Sigualldi so hatt, at heyrdi :a öll skipinn, og
bidur menn draga upp öll ackerinn, "og takit til sem ₁₀₁
skiotazt og fastazt at [róa fra ⁴ landi;" og so giordu þeir,
roa sem fastaz fra landi; þa uar :a byr godur. Enn
þesse uj.c. manna, er uoru með kongi, standa nu epter
₃₀ :a landi upp og sia nu :a burt-faur kongs sins og þickiazt
eigi uita, hue gegna mundi þesse breytne.

   Þa mællti Sueinn kongur: "Huad er nu, Sigualldi?
þui uilltu suikia mig, eda huad berstu firer?" Sigualldi
suarar: "Herra! ecki ætla eg at suikia ydur; enn fara

---

¹ er kongr *upprepadt och utstruket.* ² r *öfver raden.* ³ *Under*
raden. ⁴ [fra *róa med omflyttningstecken hds.*

skalltu med mier,",sagdi hann, "til Ioms-borgar, og skal
eg ueita ydur allt til uirdingar, þat eg ma, og skulu þier
uel komner med oss, og munu þier þa (uita)¹, til huers
huatki kemur, er þier komit til þessarar ueizlu, er uier
hofum ydur hugat og buit, og skulu uier allir til yduar ⁵
luta og þiona, og ueita ydur alla sæmd, sem uær megum
framazt i alla stade, so sem uerdugt er." Kongr sagdizt
nu þetta muudu þiggia ur þui, sem rada uar. Sigla þeir
nu austur til Uindlandz, þar til er þeir koma i Ioms-borg,
102 og þiunar ² Sigualldi kongnum i öllu, sem makligt uar. 10
Iom(s)uikingar giora nu ueizlu i mot Sueini kongi.
Nu seger ³ Sigualldi kongnum, huer sauk til þess er, at
hann hafi fluttann hann ur landi, at hann lez hafa bedit
til handa honum dottur Burizleifs kongs, þeirrar meyiar
er uænst er og uitruzt og bezt at sier um alla hluti. 15
"Giorda eg þetta firer uinattu saker uit ydur, herra! og
uillda eg eigi, at þier mistud ens bezta kostar." Sueinn
kongur spyr, huat mær þessi heti, er Sigualldi hefdi
honum hugda. Sigualldi suarar: "Su mær heiter Gunn-
hilldur, er eg hefe ⁴ ydur bedit til ⁵ handa; enn mier er 20
föstnud aunnur dotter Burizleifs kongs," seger Sigualldi,
"ok heiter su Astridr, og er þo Gunnhilldur myklu framar
at ollu. Eun þier, herra! skulut sitia hier i Ioms-borg
at ueizlu, enn eg skal fara til mozt ⁶ uit Burizleif kong
at uitia þessara mala firer begia ockra hönd, og munu 25
þier þa uerda uiser þessa skiott, og skal ydur þetta allt
uel gefazt."

Epter þetta fer Sigualldi a fund Burizleifs kongs;
103 og taka þeir tal med sier, og lezt Sigualldi nu komin til
rada-hags uit Astridi, dottur hans, "og hefer eg nu a 30
leid komit þui, er til uar mællt, at Sueinn kongur er nu
kominn i Iomsborg og a uort uald." Og er Burizleifur
kongur heyrer þetta, at Dana-kongur uar hand-tekenn,
þa uard hann feginn miog og uilldi þa þegar ut til Ioms-

¹ *Insatt efter AM. 291, 4:to och Flat.* ² *o under raden.*
³ *Öfver raden.* ⁴ *Af skrifvaren ändradt från* hefdi ⁵ *I margi-
nalen.* ⁶ *Så* (= móts)

borgar. Enn Sigualldi bad Burizleif kong leggia allt æ
sinn dom i milli þeirra konganna. Og er Burizleifur
kongur heyrer þetta, sagdi hann, at Sigualldi hefdi honum
þui heitid i þeirra um-mælum, at hann skylldi koma
ɔ honum [ɔl h] i hendur Sueini kongi, og uill Burizleifur
kongur þat uist og eigi annars kostar i dom leggia   Ok
er þessi suor heyrer Sigualldi, seger hann, at honum
þicki þat illa, at Burizleifur kongur uill eigi hans dom,
"þar sem eg skal uera magur ydar," og sagdiz mundu
10 lata Suein kong aptur fara til rikis sins, ef Burizleifur
kongur uilldi eigi þessu iata, og kuezt eigi sidur hafa
sed firer hans radi, "þott eg uillda giora sæmiliga til so
riks kongs og fiolmennz, sem Sueinn kongur er;" sagdi
ok mikit mundu epter koma, ef honum uæri nockur hneisa
15 gior; sagdi og Sigualldi kong hafa sier uel truad um
sin mal, "og er þat skyllt, at uier siaum uel firer, so at 104
honum liki uel;" segizt nu Sigualldi hafa unnit slikt, sem
hann het, og til uar mællt, ef Dana-kongur uæri i
Iomsborg i hans ualld kominn. Bidur Sigualldi nu Buriz-
20 leif kong og Astridi, dottur hans, uiturliga giora; og þau
toku þat rad, at Sigualldi sæi firer. Sigualldi mællti:
"Þat er rad, at uirda Suein kong mikils, og mun oss
eigi annat endazt, og mun hann eigi unna ¹ þessi sneypu,
þo hann se eigi diupuitur madur. Nu hefi eg hugsat
25 radit: gefit hönum Gunhilldi, dottur þina, med mikilli
sæmd, og giorit for hans hingat med myklum soma; enn
þar i mot skal hann gefa þier allar skulldir og skatta,
so at þier skulut þær alldri giallda sidann af ydru riki;
og mun eg fara med þessum malum yduar æ millum, og
30 mun eg so fylgia þessu mali, at þetta mun fram ganga."
Ok nu iatar Burizleifur kongur þessu i dom Siguallda af
sinne hendi.

Epter þetta fer Sigualldi aptur med lid sitt, og kemur 105
hann nu i Iomsborg æ fund Sueins kongs; spyr kongur
35 nu, huersu farit hefer malit. "Þat er nu æ ydru ualldi,

---

¹ Sá (= una).

herra!" sagdi Sigualldi. "Huersu er þess?" sagdi kongr.
"Þat ef þier uilit þat til uinna," (seger Sigualldi,) "at gefa
upp skatta af Uinlandi Burizleifi kongi; ok er þat meire
uegur badum yckur, at hann se under aunguann kong
skatt-gildur, þui at iafnnann þickia þeir minne kongar, 5
er skatt giallda." Sueinn kongr uard hliodur uit þetta.
Þa mællti Sigualldi: "Hinn er annar kostur: ef þier uilit
eigi þetta, þa mun eg selia ydur in ualld Burizleifs kongs."
Enn med þui at Sueinn kongur sa, huersu hann uar
kominn in ualld Siguallda, þa þicker honum betra at iata 10
þessu, enn þolla naudung af Uinda-kongi, firer þui at
Burizleifur kongr uar heidinn madur.

Uar þa sent epter Burizleifi kongi; og kom hann
i Ioms-borg, og uar þa þetta mal talat i milli þeirra
konganna, at þat skylldi standa, sem Sigualldi giordi 15
106 milli þeirra. Epter þat seger Sigualldi, so at bader
kongarner uoru uit, at þetta skal uera sætt þeirra, at
Sueinn kongur skal fa Gunnhildar, dottur Burizleifs kongs,
og Sueinn kongur skal gefa upp alla skatta af Uinnlandi
Burizleifi kongi; Sueinn kongr skal og festa Þyri, systur 20
sina, Burizleifi kongi. Haralldur kongr hefur gefit dottur
sinne myklar. eigner i fastri eign [1] in Iotlandi; nu skal
taka þær eigner Gunnhilldur i sina til-giöf. Enn þær
eigner, er Burizleifur kongur hefer gefit dottur sinne i
Uinlandi, þat skal uera til-giöf Þyri; skal hun þat eiga i 25
Uinlandi. Ok epter upp sagda þessa giord, þa uar kuedit
a brudhlaups-stefnu; skylldu bædi senn uera brudhlaupin.

XXX.

Ok er at þui kemur, þa fara þeir Iomsuikingar til
bodsins, [52 a] og er Sueinn kongr i ferd med þeim; og
uar þar hin tiguligazta ueizla at ollu, so at menn segia 30
þat, at eigi mundi uegligri ueizla hafa uerit i Uinlandi.
Þat er sagt, at fysta kueld, er menn satu at brudlaupinu,

---

[1] I marginalen.

at brudernar satu a hia-palli og fölldudu hardla sitt, so
at uarla matti sia yfer-lit þeirra; enn um morginenn epter
uoru þeir uel bunar. Sueinn kongr hugdi þa at yfer-
-litum meyianna, huat huor þeirra hafdi, þui at huoriga
⁵ hafdi hann fyr sed, enn at þessu bodi, og hafdi þat eina¹⁰⁷
til sanind(a) ¹, er Sigualldi hafdi fra sagt, og þicker eigi
iu þann ueg, er Sigualldi hafdi honum fra sagt, þui at
honum lizt su at ollu betur konann, er Sigualldi atti; og
nu sier Sueinn kongur allt bragd þeirra Burizleifs kongs
¹⁰ og Sigualldа, og miog hafa þeir rad sin sett i mót honum;
enn þo uar hann so mikil-briostadur, at þetta fann ecki
iu honum, og fær Sueinn kongur sier nu allt til gledi og
uirdingar, þat er hann ma i þesse ferd.

Ok þa er slitit (er) ueizlunni, þa fer Sueinn kongur
¹⁵ iu burtt med konu sina Gunnhilldi og hefer xxx. skipa
hladinn med myklu ² fe og morgum gersemum og fridu
lidi; og kemur hanu til Danmerkur i riki sitt, og fagnar
honum landz-lydurenn allur uel. Þann ueg er hellzt
ord iu, sem Sueinn kongr siae miog yfer uiuattu þeirra
²⁰ Sigualldа.

Ok nu fara þeir Iomsuikingar heim i Iomsborg; og
breytizt ³ nu miog log þeirra i borginne af þui, er uerit
hafdi um daga Palnatoka iarls, og fiuna·þeir þat Ioms-¹⁰⁸
uikingar, og eru þo aller satter nockurar stunder, so at
²⁵ ecki er at tidindum giort, þar til er spyriaz þau tidindi
af Danmork, at Strut-Haralldur er andadur, fader þeirra
Sigualldа og Þorkels; enn Hemingur, broder þeirra, uar
þa iu ungum alldri, er þetta er tidinda. Nu þicker Sueini
kongi skylldugt at giora erfi epter Harald iarll, ef syner
³⁰ hans ener elldri koma eigi til.

XXXI.

Nu i-hugar Sueinn kongur med spekingum sinum, huersu
hann skal retta mal sitt iu Sigualldа. Sender hann þeim

---

¹ I marginalen.　² m°yklu hds.　³ Sá.

nu ord Siguallda og Þorkeli til Iomsborgar, at þeir kæmi
til at giora erfit, og hittiz þeir þar aller samann og giordi
þa ueizluna og hefdi til-skipann, at hun yrdi at ollu sem
uirduligazt. Þeir Iomsuikingar töludu nu þat med sier,
og mælltu þat marger, at [1] Sueiun kongur Saum-Æsu-son
mundi nu hefna ætla sinnar suiuirdingar, og grunar þa
nu, at eigi mune alldiup uera uinatta Sueins kongs og
Siguallda, þann ueg sem farit hafdi i uit-skiptum þeirra;
og þicker þeim þat oradligt at fara þangat, nema þui at
eins, at þeir fare med so myklum her, at Sueinn kongur
eigi ecki ualld at þeim. Nu senda þeir brædur þau ord
at moti, at þeir [2] mundu koma til ueizlunar, og mælltu,
at Sueinn kongur skylldi bua lata at ollu ueizluna og
taka til so mikit af eignum þeirra brædra, sem honum
likar. Nu er at [3] segia fra þui, at Sueinn kongur lætur
bua ueizluna rikuliga, og bydur hann þangat myklu fiol-
menni og morgum þeim, er margs eru kunnandi, og giordu
styrkann dryck og at-feinganu.

XXXII.

Nu er fra þui at segia, þa er at þeirre stundu kemur,
er ueizluna skal sækia, þa fara Iomsuikingar ur [52 b] landi
og hafa allt id bezta lid sitt. Þar gremazt menn at, hue
mikit lid Iomsuikingar hafa haft ur Iomsborg at þessu
sinne; segia þat marger, at þeir hafi haft halft annat .c
skipa og hafi haft halfann almenning af borginne; enn
sumer segia, at þeir hafi haft .lx. langskip og oll akafliga
stor; og so seger Sæmundur hinn frodi, at þeir hafi so
haft, og hafi þetta lid miog ualit uerit, þat sem einna
þotte þeim bezt til oruztu.

Nu fara Iomsuikingar, þar til er þeir koma uit Sio-
land i Danmork. Og uar Sueinn kongur þar firer, og
uar þa buinn ueizlann at öllu; þar uar mikill mannfioldi
firer; þetta uar um uetur-natta-skeid. Og er Sueinn kongr

---

[1] nu mun tillagger hds.   [2] Ofver raden.   [3] I marginalen.

hafdi skipat hofdingium Iomsuikinga i þa holl, sem hann
sialfur sat i, — og uar þar en dyrligazta ueizla fyst [1] 110
saker æ-gætz maunuals þess, er þar uar, og margra til-
-fanga annara. Sigualldi sat æ fotskaur firer hasætinu,
5 so sem sidur uar til, þar er erfi skylldi uera, þar til at
miune hid fyrsta skylldi drecka. Þat er sagt þegar ed
fysta kueld ueizlunar, at þeir Iomsuikingar drecka akafliga,
ok fær miog æ þa dryckurinn; uar og þeim borinn sæ
allur dryckur, sem æ-feingaztur uar einna. Ok er Sueinn
10 kongur finnur þat, at þeir giorduz naliga dauda-druckner
med þeim hætti, at þeir uoru malger miog, þa tekur
Sueinn kongur til orda og mællti: "Hier er nu mikit
tiolmenni og marger æ-gæter menn, og uilldum uær til
þess mæla, at þier takid upp nockut til skemtanar og
15 gledi monnum." Sigualldi suarar: "Þetta er uel mællt,
sem uon er at ydur, herra! Enn þat þicker oss upp-hafligt
uera, at þier hefit fyst, þuiat uier eigum i ollum hlutum
at luta til yduarar tignar." Sueinn kongur mællti: "Þat
ueit eg menn giort hafa, at streingia heit til agætis sier
20 og skemtanar; og em eg þess fus, at uier freistum þessa,
firer þui at eg þickiunzt þat uita, at so mykler menn,
sem þier erut, Iomsuikingar! agætari at allre frægd enn
adrer menn um allar nordur-alfur heimsens, — þa er þat III
auduitad, at þat mun med mestum hætti uera, at þier
25 uilit hafa til tekid i þui-likre skemtann, og mun þat uera
epter odru at-hæfi ydru, er þier erud myklu meire firer
ydur enn adrer menn; og er þat likligt, at menn muni
þat hafa at minnum og at æ-gætum; enda skal eg eigi
undann ganga at hefia þetta gaman."

XXXIII.

30 "Þess streinge eg heit," seger Sueinn kongr, "at adur
enn .íij. uetur eru lidner, skal eg uera kominn med her
minn uestur i Eingland og þadann burt fara [2], so at ei

---

[1] *Sd.* [2] fr`a *hds.*

sie herr min epter i Einglandi, so at Adal-radur kongr
skal anat-huort fallin eda fluinn ur landi, og na so riki
hans ¹. Enn nu attu, Sigualldi!" seiger Sueinn kongr.
"Suo skal uera, herra!" (seger Sigualldi.)

Þa uar Siguallda fært mikit dyrs-hornn, og stodɔ
hann upp og tok uit hornninu; þa mællte Sigualldi: "Þess
112streingi eg heit, at eg skal fara i Noreg og heria au
hendur Hakone iarlli firer hinar [53 a] þridiu uetur-nætur,
og eigi aptur huerfa, fyr enn Hakon iarll er drepinn eda
landflotti ordinn firer mier; eda at þridia kosti skal eg ɔ
þar epter liggia." Epter þat drack Sigualldi af hornit.
"Nu fer uel at," seger Sueinn kongur, "og er þetta uel
heit-str(e)ingt," og leiddi Siguallda til sætis og gaf honum
iallz-nafn; og kuezt kongr uænta, at Sigualldi mundi þat
bez efna, sem hann mællti, og sagdi þa eiga mikinn fiand- ɔ
skap at launa Nord-monnum. Epter þat mællti Sueinn
kongr: "Nu attu, Þorkell hafi! Huers uilltu heit streing(i)a?
Og er þat naudsyn, at þu later þier stormannliga uerda ²."

Þorkell mællti: "Þess streingi ek heit, at fylgia Sig-
uallda, brodur minum, og flya eigi fyr enn hann, medann ɔ₀
eg se skaut-stafn ⁴ ;a skipe hans, og þeir hafa greitt rodur
sin undann, ef hann ⁴ berrst æ sio uit Hakon iarll ¹; enn
ef hann berst æ landi, þa skal eg ei flya, fyr enn ek se
eigi Siguallda i fylkingu, og merki hans er æ bak mier."

— "Þetta er all-uel mællt," sagde Sueinn kongr, "og muntu ɔ₅
113þetta uel efna; erttu so godur dreingur. Nu attu, Bue
digre!" seger Sueinn kongr, "[og uitum uier, attu munt ¹
nockunniginn ⁶ kallmannliga um mæla, þuiat þu ertt sanliga
reyndur inn meste kappe."

Bui mællti: "Þess streingi ⁷ ek heit," sagdi hann ⁸, ɔ₀
"at eg skal fara nordur i Noreg med Siguallda iarlli og
fylgia honum (i) faur þessa, suo sem mier enddizt kallmenzka
til, og flyia eigi firer Hakone iarlli, fyr enn færre standa

---

¹ Det foregående från þess streinge eg heit något oredigt;
jfr Inledningen. ² a öfver raden. ³ Så (f. skut-stafn?). ⁴ Här-
efter b̄ b:st ofverstruket. ⁵ [attu munt og uitum uier med om-
flyttningstecken hds. ⁶ Så ⁷ st:indi hds. ⁸ I marginalen.

af uorum monnum, enn fallner eru, og halldazt þo uit,
medann Sigualldı uill." ¹ — "Suo fer ², sem ek ætlada,"
sagdi kongr, "attu mundir mıkıl-mannhga um mæla, og
er þat epter anari at-ferd þinne.   Nu attu Sıgurdur
⁵ kapa," sagdi kongr, "og uilium uier ³ heyra, huers þu heit
streingir "

Sigurdur mællti: "Skiot er mın heit-streinging, at ek
skal fylgia Bua digra, brodur minum, medann hann er
lıfs, enn flya eigi, fyr enn hann er liflatınn, ef suo uerdur."
¹⁰ — "Sliks uar mıer at þıer uon," seger kongr, "attu munder
þui at fylgia, sem Bui, broder þinn.   Nu attu Uagn Aka-
-son," sagdi kongr, "og foruitnar oss miog at heyra þina
heit-streining. þuiat þier hafit frændur ⁴ uerit leingi
kapps-menn; erttu og yfer-madur at [hug og at ⁵ morgum ııⁿ
¹⁵ fræk-leik odrum."

Uagn mællti: "Þess streingi eg heit, at ek skal fara
ı Noreg og fylgia frænda minum Bua i her-for þessa og
hallddazt uıt, medann Bue uill, og hann er lifs; og þat
ættla ⁶ eg at lata fylgia heit-streinging ⁷ minni, at ef ⁸ eg
²⁰ kem i Noreg," [sagdi Uagn ⁹, "at eg skal firer enu þridiu
iol kominn i reckiu Ingibiargar, dottur Þorkels leiru, enn
drepa hann sialfann."

Þat er sagt, at Biorn hinn brezke uar þa i lide þeirra
Iomsuikinga; uar og Bıorn einn-kanliga madur Uagns
²⁵ Aka-sonar, þui at hann hıellt [33 b] af Uagni riki þat, er
Palnatoki hafde gefit honum i Bret-landi. Sueinn kongr
spyr: "Huers uilltu heit streingia, Bıorn brezke?" Biorn
suarar: "Fylgia Uagne Aka-syne, suo sem ek hefe uit til
og dreing-skap."

³⁰   Iomsuikingar giordu þessa heit-streinging mest fyrer
kaps saker og of-dryckıu; drucku þeir miog, og uar þeim
allur dryckur [sa borinn ¹⁰, er megnaztur uar.

---

¹ ef tillagger hds. ofver raden. ² f'æ hds. ³ Härefter hy'a
utstruket. ⁴ f'nd² hds. ⁵ [I marginalen. ⁶ Upprepadt, det forsta
ofverstruket ⁷ heit upprepadt, det forsta ofverstruket. ⁸ Under
raden ⁹ [Uagn sagdı med omflyttnıngstecken hds. ¹⁰ [borınn sa
med omflyttnıngstecken hds.

115   Nu epter þetta foru menn at sofa, og for Sigualldi
i reckiu hia kono sinne Astridi, og sofnar hann bratt; og
er hann hefer sofit um stund, þa uekur Astridur hann og
spyr, huort hann muni heit-streinging sina, þa er uerit[1]
hafdi um kuelldit. Hann suarar og kuezt eigi muna,[2]
at [hann hefde[2] ncitt heit streingt. Astridur mællti:
"Eigi mun þier at þui uerda, at þui[2] er ek get til, og
muntu bæde þurfa uit at hafa uit og rada-giord." Hann
suarar: "Huat skal nu til rada taka? Þu ert radug
iafnnann." — "Eigi ueit eg þat nu," (seger Astridur,)[10]
"enn til mun eg leggia nockut; at morgun, þa er þier
erut under dryckiu-bordum, mun Sueinn kongur spyria,
huort þier munit heit-streinging ydra; þa muntu þui suara,
at aul er annar madur, og dryckia hefur miog óllat, 'og
(eigi) munda ek ifer suinnu mina hafa tekit, ef ek uære[15]
ókendur.' Sidann skalltu spyria kong, huad[4] hann mun
til leggia, at þier kómit fram þesse ferd; og lat, sem þu
þickizt eiga þar allt traust, sem kongr er firer, at þui at
116 hanu þickizt nu hafa sigrad þig og hefnt sin i þessu; og
spyr, huersu mörg skip at hann mun fa þier til ferdarinnar;[20]
og ef hann tekur þui uel og kuedur ecki :.t, huersu morg
skip hann mun fa þier, þa skalltu fylgia þier at fast,
og lat, at kuæde :u þegar, huad hann mun til leggia;
og seg, attu þarft miög uit lids, firer þui at Hakón iarll
hefer mikinn lids-afla[5] firer. Enn skalltu, Sigualldi! skiótt[25]
uita, huat hann uill til leggia; ek get, at honum þicke
nu minnzt firer at heita þier lide, medann hann ueit eigi,
huortt ferdinn tekzt eda eigi; enn þa er ferdenn er radinn,
þa ætla ek, at litit fair þu af Sueini kongi um lidit.
þuiat hann mun huorugann yckau Hakónar spara til[30]
dauda-hógs, og þat munde honum bezt þickia, at bader
þid hlytud dauda af ódrum."

---

[1] -it i marginalen. [2] [h̄ h̄fde hds. af skrifvaren andradt
fián helde [3] Otydligt. [4] haud hds. [5] ligds afla hds.

XXXIV.

Þetta er nu sagt, at suo for, sem Astridur gat til. Og
er þeir taka til dryckiu um daginn, þa spyr Sueinn kongr,
huort þeir Iomsuikingar mynde til heit-streing(ing)ar 117
sinnar, þeirrar sem þeir hofdu frammi i nott; enn Sig-
5 ualldi suarar Sueini kongi og mællte slikum ordum ollum,
sem Astridur hafde [1] lagtt i munn honum, og fretter nu
epter, huat kongr uill til leggia; enn þar kemur, so at
kongr kuadz muudu fa .xx skip til ferdarinnar. Sig-
ualldi mællti: [314] "Til-lag er gott at þiggia at ein-
10 -huerium rikum manni, enn ecke er þetta kongligt til-lag."
Þa mællti Sueinn kongur og uar nockut reidugligur [2]:
"Huers beider þu," seger kongr? Sigualldi suarar: "Skiott
er þat at seigia: .xl. skipa, [þeirra er oll se uel uondud at
monnum og uopnum [3]." Kongr suarar: "Buinn skulu öll þessi
15 skip, so sem þu beider, þa er þier uihd fara." Sigualldi
mællte: "Nu er uel uit ordit og mikil-manuliga, sem uon
er at ydur, og latit þier þetta uel ennt, er þier heitit;
nu þegar lokit er ueizlunne skulu þier fara og fa oll
skipinn, suo at eigi [4] uerde sein at [5] þeim." Sueinn kongur
20 uerdur hliodur uit þetta, og er honum stadur at, suarar [6]
og mællti stund sidar [4]: "Suo skal uera, Sigualldi! sem
þu beider; enn þo uerdur [7] þetta nu skiotara, enn ek
ætlada." Sigualldi suarar: "Meire uon er, at spyrizt i
Noreg þesse firer-ætlan, ef frestazt ferdinn;" kuez uænna 118
25 þickia til sigurs, at einge niosn færi firer þeim.

Þat er sagt, at Tofa, dotter Strut-Haraldz, mællti til
Sigurdar, bonda sins: "Þu munt nu fara i för þessa, sem
þu hefer ætlat, og uil ek þess bidia þik, at þu efner uel
ord þin og fylger [8] uel Bua, brodur þinum, og leif gott
30 ord epter þig. Enn ek mun þui heita þier, at eingi
madur skal koma i mina reckiu, medann [9] þu ert i burttu,

---

[1] *Harefter* mællt *ofverstruket* i *hds.*   [2] *Det forsta* u *ofver*
raden   [3] [at m̄ (*så!*) og uopnū þī͂ e͂ oll se uel uondud *hds.*
[4] *I marginalen*   [5] sein|at *hds.* (= seinat?).   [6] fu͂ *hds.* (= suara?)
[7] u͂d͂e *hds.*   [8] flyger *hds.*   [9] *Harefter* hann *ofverstruket.*

og ek spyr þik lifs." Og sidann mælte Tofa til Bua: "Menn
eru þeir íj., er ek uill gefa þier til fylgdar; annar heiter
Hauardur, og kalladur [1] hauguandi, enn annar heiter [2]
Aslakur holmskalle Enn þui gef ek þier þessa menn, at
mier er uel uit þig, og einórd skal eg uit þat hafa, at [5]
giarna uillda eg med þier hafa gefin uerit helldur enn
þeim, sem nu at ek." Bui þiggur nu menninna at henni,
bad hana hafa þock firer; og þegar gefur Bui Uagni,
frænda sinum, Holmskalla til fylgdar, enn Hauardur
fylger Bua. Nu sitia þeir Ioms-uikingar at ueizlunne þui- [10]
-likar stunder, sem þeir hofdu adur ætlat; og nu slitur
ueizluna.

XXXV.

Epter þat fara Ioms-uikingar burt at bua skip sin med
nýradi Dana-kongs, og bua [3] nu Ioms-uikingar her-ferd til
Noregs-uelldis; og er þeir uoru buner at ollu, sem þeir [15]
uilldu, [34 b] er þat sagt, at þeir hefdi [4] ur Danmork [5] .c.
stor-skipa; enn sumer seigia, at þeir hefde þadann [6] .lxx.
skipa anars .c. stor-skipa. Þessi skip uoru hladinn af
an-gætum dyrgripum og godum dreingium og margskyns
uopnum, skioldum og herklædum godum. Þesser uoru [20]
mester hofdingiar firer lidinu: Sigualldi, Bui digri, Uagnn
Aka-son. Fara þeir nu uit so buit og lata i haf.

Ioms-uikingar fara leidar sinnar, og gefur þeim uel
byri; þeir koma hernum uit Noreg og taka þeir Uikina;
þat uar sid dagsins eda um nottina. So komu þeir þar [25]
au ouart ollum monnum, þui at ecki hafdi spurtz til ferda
þeirra, adur en þeir kuomu þar um nottina. Helldu þeir
Iomsuikingar til bæiarens i Tunsbergi og koma þar um
midnætti; og er Iomsuikingar uoru komner i bæinn, þa
taka þeir upp allann kaupstadinn og ueittu hina horduztu [30]
[120] at-gaungu bæiar-monnum bædi med elldi og uopnum, og

---

[1] *Det senare* a *under raden.*   [2] *Harefter* eit[2] *underprickadt.*
[3] buazt *hds.*   [4] *Härefter* þadan .lxx *sk ofverstruket.*   [5] n *öfver*
raden.   [6] *Skrifvet två gånger, det forsta ofverstruket.*

toku allt i fiar-hlutum, þat er þeir mattu [hondum æ koma ¹,
enn drapu mennina, og marger mættu þegar æ-uerkum
og uoru skiott drepner; enn med þui at kaupbærinn uar
mest af uidi gior, þa tok hann skiott at brenna, ok med
⁵ at-gongu hersins er þat fra sagt, at þeir Ioms-uikingar
lettu eigi fyr uit, enn þeir hofdu brendann upp allann
kaupstadinn. Þeir drapu suo giorsamliga alla menn, þa
sem i kaupbænum uoru, at ecki mannz-barn komz i
burtt. Epter þat fara ² Iomsuikingar til skipa sinna, og
¹⁰ hallda þeir nordur firer landit, er nu og ecki sagt fra
hernaði þeirra, fyr enn þeir koma ollum hernum þar, sem
heiter ³ æ Iadri; þeir feingu uit radit þo skipunum ollum.
Þetta uar iola-nottina, er Iomsuikingar kuomu æ Iadar;
tokzt þar bratt upp-ganga. Skipta þeir lidi sinu i stor-
¹⁵ flocka til hernadar i bygdina, og er þar mikil bygd og
fiolmenn.

Sa madur er nef(n)dur Geirmundur, er þar uar i
mestre uirdingu; hann uar lendur madur Haconar iarls
og ungur at alldri, og uar hann mikils uirdur af iarlli.¹²¹
²⁰ Geirmundur hafde mest forrad æ Iadri og hafdi þar syslu
af hendi iarls. Þegar Iomsuikingar kuomu i bygdina,
giordu þeir hina horduztu at-gaungu þeim monnum, er
firer uoru, bædi med elldi og uopnum, og toku Ioms-
-uikingar upp alla bygdina, þar sem þeir kuomu, huar ⁴
²⁵ sem uar, ena ⁵ nalæguztu, enn þeir menn, er firer uoru,
uocknudu eigi uit godan draum, er herbergin logudu, (og)
at sotte uopnadur her med akafa. Geirmundur uaknar ⁶
uit þetta, sem adrer menn, þeir er inne uoru honum
næster; hann tekur þat rad, at hann flyr undann i eitt
³⁰ lopt og nockurir menn med honum [ẏẏ a], þui at honum
þotte þar leingzt ueriazt mega ⁷. Og þegar þeir Ioms-
-uikingar uerda uarir uit þetta, þa snua þeir marger at
loptinu, og hoggua þeir þegar upp loptit i akafa, og nu
sier Geirmundur, at þeir fæ ecki uit halldizt. Geirmundur

---

¹ [aa (otydligt) koma hondum med omflyttningstecken hds.   ² Har-
efter þeir ofverstruket.   ³ ei ofver raden.   ⁴ hu'ar hds.   ⁵ enu hds.
⁶ uanknʳ hds.   ⁷ Först skrifvet megazt, men zt utplånadt.

tekur þat rad, at hann hleypur ofann ur loptinu og :u
strætit, og kom standandi nidur. Enn Uagnn Aka-son
uar þar nær staddur, og hio hann til Geirmundar, og
kom :a handlegginn firer ofann ulflidinn og tok þar af, og
fell höndinn nidr :a strætid, enn Geirmundur komzt i burt 5
og til skogar. Gullhringur mikill hafdi fylgt hendinne,
og tok Uagn hann og hafdi med sier. Og er Geirmundur
kom i skoginn, þa nemur hann stadar þar, er hann matti
12. heyra mal manna, þuiat honum þotti þat ofrodligt uera
at kunna ecki at segia fra, huerir þesser menn se, er 10
redu firer hernum, enda slikt uite sem hann hafdi fengit
:a sier. Geirmundur uerdur nu uiss af ordum þeirra
Iomsuikinga, at þeir eru þar komner; so ueit hann og,
huer unnit hefer :a honum.

Þat er nu sagt, at Iomsuikingar hafa nu :a [1] uard- 15
böld, at aunguer menn kæmizt burtt af bygdinue; og þott
nockrer menn leitudu til at komazt ut, þa urdu þeir skiott
drepner eda rekner inn aptur i elldinn. Tok þa og huert
hus at brenna af ödru; og so lauk, at Iomsuikingar brendu
alla bygdina med ollu mannfolkinu, þui sem þar hafdi 20
uerit, so at eingi madur komzt undann, nema þessi einn
fyr nefndur Geirmundur. Hann fer nu :a burtt :a merkur
og skoga, og so er sagt, at hann uæri uti .vj. dægur :a
eydi-morkum, adur hann kom til bygda; og þegar hann
finnur menn at mali, kemur hann þa i godann fagnad, er 25
menn uita, huer hann er.

Geirmundur fer nu, þar til er hann spyr, huar Hacon
iarll uar :a ueizlu og Eirikr, son hans; þat uar :a þeim
bæ, er heiter :a Skugga; enn s:a madur het Ellingur, er
hellt ueizluna; hann uar lendur madur Haconar iarls. 30
123 Þat uar sid dags, at Geirmundur kom :a Skugga; hann
geingr þegar i dryckiu-stofuna og firer Hacon iarll, og
kuaddi hann; iall sat þa under bordum. Iarll tok kuediu
hans og spyr tidinda; Geirmundur suarar: "Mikil tidindi
er at segia." Iarll mællti: "Med godu skylldu þau koma 35

---

[1] Harefter s' ofverstruket.

og uera.” Geirmundur suarar: ”Eru tidindi, og eru ill
og þo sònn; eg kann segia ydur her-saugu, at mikill her
er kominu i landit og fer med hinum mesta òfridi og
styriòld, og giora hinn mesta skada :a ydru riki, og uallda
⁵þessu Daner; og þat hygg eg, at þeir ætli sliku fram at
hallda, þar til er þeir finna ydur.” Hacon iarll suarar
reidugliga: ”Þessi tidindi eru illa loginn, og firer laungu
mundi Noregr aleyddur uera, ef þeir hefdi heriat hingat
huert þat sinn, er þier segit þat; og eigi munu menn fyr
¹⁰af lata at liuga hier her-sògu, fyr enn nockur hanger
uppi firer þessa lygi, og so skal uera.” Og þa suarar
Eirikur: ”Mælit eigi þetta, herra! þui at eigi mun þessi
madur liuga, er nu seger fra, þuiat hann er ecki lygi-
-madur.” Iarll mællti: ”Kanntu hann, er þu uer hans mal
¹⁵og fylger honum so?” Eirikur suarar: ”Þat ætla ek, at
hier se kominn Geirmundur, lendur madur ydar af Iadri
sunnann, og oppt hefer hann oss betur fagnat, [55 b] enn
nu fògnum uier honum.” — ”Eigi þekta eg hann,” seger¹²⁴
Hacon iarll; ”gangi hann hingat til mals uit mig,” seger
²⁰iarll; og Geirmundur giordi nu so. Iarll mællti: ”Huer
ertu?” Hann seger til sin. ”Ueit eg,” seger iarll, ”at
þu munt satt segia; enn huer rædur firer her þessum
enum mykla?” Geirmundur suarar: ”Sigualldi heiter sm,
er firer þeim rædur, Bui digri og Uagn Aka-son; hefi eg
²⁵og uitnis-burd og mark til þess, at eg lyg þetta eigi,” og
syner handar-stufinn iarllinum; ”og grunar mig.” seger
Geirmundur, ”at fmr uikur lidi hedann af, adur enn mig
uænter, at þier gefizt til ¹, at eg liugi þetta eigi, og
morgum òdrum.” Ok enn lezt Geirmundur sanna mega
³⁰sògu sina med fleirum sarum, er hann hafdi. Iarll
mællti: ”Hart ertu leikenn og sarliga; eda uisser þu
nockut af, huer þier ueitte þetta sar og handar-af-
-hòggit?” Geirmundur suarar: ”Þat ræd eg ad likindum
af þui, er þeir mælltu, þa er sa tok upp hringinn, er fylgdi
³⁵hendinne: ’fenadi þier nu, Uagnn!’ sogdu þeir, og þottunzt

_____

¹ Öfver raden.

eg af þui uita, at hann mundi hafa unnit :n mier; og
þat kanada eg, at her þesse mun uera kalladur Ioms-
-uikingar." Ok er Hacon iarll heyrdi þetta, þu uard hann
hardla hryggur uit þesse tidindi og þagdi um stund og
125 mællti stundu sidar med myklum ahyggiu-þunga: "Sann-ɔ
froder munu uier uera at þessum tidindum," seger iarll.
"Enn þat er þo satt at segia, at þessa menn og þenna
her munda eg sizt til kiosa, þott eg ¹ skyllda um alla
uelia af þeim, sem eg ueit i heimenum, og mun nu uit
þurfa at hafa hædi uiturlig rad og hardfeingi." Nu let ¹⁰
iarll taka skiotliga dryckiu-bordinn upp og geck til þeirra
herbergia, er hann skylldi sòfa i; lidur nu af nottinn.

XXXVI.

En um morguninn þegar epter sender Hacon iarll menu
sina nordur i Þrand-heim til Hlada at segia Sueine, syne
sinum, her-soguna, og bidur hann safna lidi sem skiotaz ¹⁵
um allann Þrand-heim af sinne til-syslu og bua huert skip,
er til fengizt, at monnum og uopnum.

Gudbrandur het madur og uar kalladur enu huite;
126 hann uar uitur madur og rikur; hann uar nafrændi
Haconar iarls, og honum unne iarll mest, þegar syner ²⁰
hans lidu. Gudbrandur uar med iarlli :u ueizlune.

Nu fær ² [Haconi iarlli ³ mikils þessi tidindi, og hugxar ⁴
nu :u marga lund, og aller hans rada-menn hiner uitruztu
med honum, huertt rad af skal taka. Uard þat hit ⁵
fysta hans rad at skiota upp uitum og orfar-bodi og ²⁵
skipa ferder ² fra sier i huern ueg; bydur Hacon iarll til
huerium manne, er þorer at uerna sig og fe sitt. Iarll
fer sialfur þegar af ueizlunne med þat lid, er hann feck;
og hann fer inn um Raums-dale og safnar lide um Nord-
mære og Sundmære. Hacon iarll sende Erlind, son sinn, ³⁰
sudur um Roga[56 a]-land at safna þar lidi. Hacon iarll

---

¹ *Öfver raden.*   ² *Så.*   ³ hacon. j. *hds.*   ⁴ g *öfver raden.*
⁵ h *tillagdt i marginalen.*

sender ord ollum uinum sinum, þeim sem i landinu uoru,
at þeir kæme allir til hans; og iafn-uel sendi Hacon iarll
þeim monnum ord, er hann uar missattur uit, og bad þa
koma til siu, og sagdizt hann nu sættazt uilia uit huern
₅mann, er þa kæme :a hans fund, og alldri hefde þeir so
stort af giortt uit hann, — og kuezt [1] hann mundu nu
þeim allt upp gefa, er honum uilldu nu lid ueita.

Eirikur, son hans, fer [2] nordur um Naumu-dale og [127]
allt it ytra um eyiar. Þat bar at, þa er Eirikur uar i
₁₀Hamar-sundum, at þar kom [3] :a mote honum .ui. her-skip,
og ried sa madur firer lidinu, er Þorkell hiet og uar
kalladur midlangur [4]; hann uar uikingur mikill og illur
uidur-eignar; hann uar i missætti myklu uit Hacon iarll,
þuiat Þorkell hafdi margar [5] illgerder unnit og mikinn
₁₅skada giortt :a riki iarls, bæde i manna-drapum og fiar-
-ranum. Iarll hafdi opt giort [6] menn i mot Þorkeli og
uilde taka hann af life, enn hann hafde iafnann undann
komizt. Eirikur mællte til Þorkels, er þeir [7] funduzt: "Ef
þu uillt koma med lid þitt :a fund faudur mins og ueita [8]
₂₀honum lid þitt til oruztu, þa mun hann sættazt uit þig,
og mun þat aud-uelt af faudur mins hende." Þorkell
suarar: "Þann kost uil eg, at kaupa mig [56 b] so i frid,
ef þu uillt, Eirikur! bindazt firer, suo at mier uerde
þetta eigi til hegoma, þa er eg finn faudur þinn." — "Ek
₂₅skal þat anazt," seger Eirikur.

Þorkell rezt nu med sina menn i lid med Eiriki, og [128]
kauper sig so i frid uit iarll; og fyllger Þorkell nu Eiriki,
og fara þeir nu, þar til er þeir koma þar, er Hacon iarll
hefer :u kuedit, at þeir skylldu finazt; og fara þeir nu
₃₀aller samann fedgar, Hacon iarll og Eirikur og Sueinu;
enn þat uar :a Sund-mære uit ey, þa er Haud heiter; og
kemur þar allur herinn samann, og uoru marger lender menn
i lide Haconar iarls. Hacon iarll og syner hans [2] hofdu

---

[1] u ófver raden. [2] I marginalen. [3] Sâ [4] midlungur hds.
[5] Härefter hann uar ófverstruket. [6] r ofver raden. [7] Öfver raden.
[8] e ófver raden.

þa .ccc. skipa, og uoru morg ecki miog stor; þeir leggia
nu ollum skipunum [1] sinum ꜳ uog, þann er heiter Hiorunga-
-uogur, og bera samann rad sin; liggia þeir nu þar ollum
skipunum ꜳ Hiorunga-uogi uit suo buit.

XXXVII.

Nu er at seigia fra þeim Ioms-uikingum, at þeir [2] sækia [5]
nordur [3] med lande; [fara þeir ecke [4] fridliga, heria þeir,
ræna og drepa menn og brena bædi upp herud og bæi
129 at kolldum kolum, og hiugu sier osparliga strand-hogg.
Sliku hallda þeir fram, Ioms-uikingar, at þeir aleyda nær
alla bygdina med ellz-bruna og manna-drapum og fiar- [10]
-ranum, þar sem þeir koma uit. Iomsuikingar [37 a] fara
nu slikum hætti, og sækia þeir langt nordur firer landit
med morgum hættum og fa onguar motstodur, þuiat landz-
-folkit, þat er fir uar hernadinum og spyria þenna ofrid,
heimtiz þat folkit allt samann i stor-flocka, og sækia allir, [15]
þeir sem unger uoru og uel uiger, ꜳ fund Haconar iarls,
en þeir, sem nære uoru ofridnum, flya undann ꜳ eydi-
-merkur [5] og skoga, sumer ꜳ fioll, enn sumer i sker, og
dragazt suo undann hernadnum og firazt allir uikingana,
þeir er þui koma uit, og bida so landz-lydsins [6]. Uar þa [20]
so komit, at oll bygdin med sionum uar al-eydd sunann
af [7] Iadri og allt nordur til Stadar.

Nu er fra þui at segia, at þeir Iomsuikingar fara nu.
þar til er þeir koma i sund þat, er heiter Ulfa-sund, og
eru þa komner hia Stad. Þat er sagt, at huoriger spyria [25]
þa enn glogt til annara, Hacon iarll og þeir Iomsuikingar.
Þa sigla þeir nordur firer [8] Stad, þat eru .uí. uikur siofar;
er þat harda mikit torfære, eru þar huorki hafner ꜳ land
upp og aunguar hafnar-eyar [1] firer utann. Nu fara þeir Ioms-
130 uikingar, þar til er þeir koma i hofn þa, er heyter i [30]

---

[1] Så.   [2] Öfver raden.   [3] Härefter nor öfverstruket.   [4] [þeir
ecke fara med omflyttningstecken hds.   [5] eydi i marginalen.   [6] landz
leydsins hds.   [7] I marginalen.   [8] fir[1] hds.

Hereyium, og leggia þeir þar inn i hof(n)inna allann
skipa-flota sin; og hafa þeir nu frett af Haconi iarlli og
niosn, og fregna ecki annat, enn iarll sie inn i Fiorðum
eda stundum nordur i landit langt, stundum sunnar meir;
5 fiengu þeir Iomsuikingar aungua sanna frett af iarlli.

Ok er þeir eru þar komner, uilia þeir Ioms-uikingar
afla sier nockurs [1] uista, og er þat sagt, at Uagn Aka-son
[for :n [2] skeid einne til eyiar þeirrar, er Haud heiter, og
ueit Uagn eigi, at þar liggi Hacon iarll med lidi sinu :n
10 uoginum skamt i fra. Uagn leggur uit eyna utann skipi
sinu, og ganga þeir Uagn og hans menn upp :n eyna og
ætla at fa sier — — — [3] .uí. kyr og .xíí. geitur. Uagn
mællti til manna sinna: "Taki þier kyrnar og geiturnar,
og hoggut þetta fe :n skip uortt". Þesse spyr: "Huer er
15 sa madur, er rædur lidi þessu?" — "Sia heiter Uagn
Aka-son," sogdu þeir. "So þætte mier," seiger þessi bondi,
"sem uera mundi stærre ueidar-efne, enn at drepa kyr
minar og geitur, og ei allfiære [1] ydur, og fari þier eie
her-mannliga i okunnu landi og hafit langt til sott, so [131]
20 sem þier erud afburdar-menn myklir og uilit enn auka
yduart :n-gæte i þessi her-for; þier takit," sagdi hann,
"kid og kalfa, [37 b] geitur og naut, suin og saude; uæri
þat nu meirri frami at lata standa kyrt þetta fe og taka
helldur biorninn, er naliga mun nu uera kominn :n biarnar-
25 -basiun, ef þier fait tekit hann." Uagn spyr þenna mann
at nafni, enn hann seigiz Ulfur heita. Þa mællte Uagn:
"Fra huerium birne sagder þu adann, er os mun happ i
at ueida?" Þa suarar Ulfur: "Sia hin sami biorn, ef nu
ueide þier hann eigi, þa mun hann ydur alla i munni
30 hafa, adur enn eigi [1] lidur [4] langt hedann." Þa mællte
Uagn: "Segdu oss god tidinndi og sönn, þau er [os er [5]
skyltt at uita, enn uier skulum þat uel launa þier, og ef
þu ueizt nockut til fara Haconar iarls og uiltu oss satt

---

[1] Så. [2] [aa for med omflyttningstecken hds. [3] Lucka i texten,
ej betecknad i hds.; jfr de andra redaktionerna. [4] leid[1] hds.,
men e underprickadt. [5] I marginalen.

segia fra hanns til-tektum, þa skalltu bædi undann þiggia
kyr þinar og geitur." Ulfur suarar: "Ef þier uilit uel
launa mier saugu mina, og suo þier launit mier aungu,
þa ma eg seigia ydur til Haconar iarls, huar hann la
i giær med einu skipi hier firer innann eyna Haud :a⁵
Hiorunga-uogi, og munu þier þegar fa drepit hann, ef
¹³²þier uilit, þuiat hann bidur þar," seger Ulfur, "og undar-
ligt þicker oss, er hann fer so fa-mennur og ouarliga i
slika ferd, og er likazt, at hann mune feigur uera; og
uist hefur hann eigi til yduar spurt, og eigi lægi hann¹⁰
so ella." Þa mællti Uagn: "Þu skallt i frið hafa keypt
fe þitt allt og sialfann þig, ef þetta er satt, er þu seiger ¹,
og gack nu :a skip med oss og kynn oss leid þangat."
— "Ei hæfir so," seiger Ulfur; "ek uil beriazt i mot
Haconi iarlli, þuiat þat samer mier betur; enn uisa ma¹⁵
eg ydur leid, þar til er þier hittit uoginn þennan ²." —
"Þu skallt uist fara med oss, þott þier þicki gott og þott
þier þicki illt," seiger Uagn. Nu geingur Ulfur :a ³ skip
med þeim Uagni; þetta uar snema dags; og fara þeir
þegar i Her-eyiar og segia Siguallda og ollum Ioms-²⁰
uikingum þesse tidinde.

Og nu taka þeir Iomsuikingar þegar at buaz uit
ollu, suo sem þeir skyllddi til hins hardazta bardaga, og
uilia þeir uit þui buazt, at eigi sie suo auduelt firer, sem
Ulfur tekur :a. Og þegar þeir uoru buner, blasa þeir til²⁵
ut-laugu ⁴ ollu lidinu; fara þeir nu med ollum hernum
inn firer eyna Haud; þa uar litill austann-uindur, og rak
i mot þeim mosa-gard og þui næst [58 a] annann og hinn
.ííí., og uar sa ei minztur. Þa mællti Sigualldi: "Þessir
¹³³mosa-gardar ⁵ munu uita her-lids uon nær oss, og ma³⁰
uera,, at Hacon iarll se eigi iafn-fa-mennur, sem oss uar
sagt." Bui digri for fyst med sinu˙ lidi; þa for Uagn
med sinu lidi; Sigualldi for sidazt med sinum monnum.
Þeir fara sidann inn med eyne, þar til er þeir koma firer

---

¹ Af skrifvaren ändradt fr seigia   ² þān hds.   ³ Under raden
⁴ Så (skriffel f. at-laugu?).   ⁵ Efter mosa ar uind ofverstruket

innann Haud og i uikina firer eyiar-endann nordur, þar
sem heiter Hiorunga-uogur.

XXXVIII.

Þat er sagt, at Ulf grunar, at Iomsuikingum mun [1] synazt
fleire skipinn, enn suo sem hann hafdi sagt þeim; og þegar
5 er þeir, er fyster foru, sia fram koma fleire skip enn
eitt, þa hleypur Ulfur ut-byrdis og :a sund, og ætlar at
leggiazt til landz og uill eigi bida þess, at þeir laune
honum sina saugu. Enn er Uagn sier þetta, þa uill hann
at uisu launa honum, og skytur epter honum spioti; og
10 kemur spiotet :a Ulf midiann, so at hann lætur þegar
lifit, og skildu þeir Uagn suo.

XXXIX.

Nu roa þeir Iomsuikingar :a uoginn og sia, at skipadur [134]
uar allur uogurinn af skipum inn fra þeim; og þar hitta
þeir þann, er þeir foru at leita, Hacon iarll, og uar hann
15 eigi ein-skipa og eigi med .jj., helldur uoru meir enn .ccc.;
þat uoru sneckiur og skeidur og kaup-skip og huertt
fliotanda far, er iarll feck til þeirra [2], þau er ha uoru
bordi, og oll uoru skipinn bædi hladinn af monnum og
uopnum og grioti. Þar er med Hacone iarlli enn fysti
20 madur Eirikur, son hans, og Sueinn og Sigurdur og
Erlingur, syner hans; þeir styrdu aller skipum. So sagdi
Þordur Kolbeins-son, er hann orte um Eirik:

> Míog let margar fneckíu:
> mæ:|da: ó: sem kno:u
25 > odur uex fkíallz og fkeida:
> fkialld hly|nu: alíum dynía
> þa e: olítínn utann
> odd herder þa: gío:da: |

---

[1] Så. [2] Så; bor troligen strykas.

125   mo:g uar línd firer landi
            lund finf fodur :ondu

Og enn sagdi hann so:

            Sotti ja:ll fa er atte
            ogn frodur ſá laug ſtodí   5
            he: finz | hafa ſtafna
            hatt Siguallda ſá motí
            margur ſkalf hlynur enn | huergi
            hugendu: bana ugdu
            þei: e: gatu ſío ſlíta   10
            fa: | gams ¹ blodgum ² a:a

Þat er sagt, at þeir Iomsuikingar fylckia nu lide
sinu ollu og buazt til bardaga. Þeir Hacon iarll og syner
hans sia nu, huar þeir Iomsuikingar eru komner

XL.

Nu er sagt, at botnninn at Hiorunga-uogi horfer i austur, 15
enn munnurenn i uestur; þar standa steinar .ííj. ut :a
[38 b] uoginum, og heita þeir Hiorungar, og er einn nockuru
mestur, og er uogurinn uit (þa) steina kendur. Eun sker
liggur i midium uognum og :afn-langt :a alla uega til
landz fra skerinu bædi inn i uogs-botninn og tueim meginn 20
gegnt; enn ey su liggur firer nordann Hiorunga-uog, er
Primsignd heiter; enn eyinn Hiorund liggur firer sunnann
Hiorunga-uog, og þar inn i fra Haurundar-fiordur.

XLI.

126 Nu skal seigia fra þui, huersu Iomsuikingar skipta lidi
sinu til bardaga. Sigualldi leggur skipi sinu i midia 25
fylking, og broder hans Þorkell hafe leggur þar skipi
sinu næst Siguallda :a stiornborda; Bui digri og Sigurdur,

---

¹ I marginalen; ga sammanskrifna.   ² dg sammanskrifna.

broder hans, þeir uoru i fylkingar-arme hinum nyrdra;
enn Uagn Aka-son og Biorn brezke, fostre hans, uoru i
hinn sydra fylkingar-arm.

Enn Hacon iarll og syner hans skipa so lidi sinu
⁵ til oruztu æ moti Iomsuikingum, huer beriazt skylldi i
moti þeim kauppum, og ætla þeir so til, at .ííj. skulu
beriazt i moti huerium þeirra, þuiat hier seger so mikill
hafi uerit lids-munur þeirra; enn Biarnne biskup ¹ seger
i drapu þeirre, er hann ortte um Iomsuikinga, at .u.
¹⁰ menn Haconar iarls uæri moti einum Dan, og þeir eru
fleire, at þat segia, at so mikill hafi uerit lids-munur
med þeim.

Þat er nu til-skipann þeirra fedga, at Sueinn Haconar-
-son uar ætladur i moti Siguallda og Gudbrandur huite,
¹⁵ enn þride Sigrekur af Gimsum, er einn uar agætaztur af
lendum monnum firer nordann Stad.

Þesser uoru ætlader moti Þorkeli: Iarnskeggi af
Eyrium af Mann-haugi, er annar uar agætaztur af lendum
monnum firer nordann Stad; enn annar Sigurdur steigl-
²⁰ ingur nordann ² af Haloga-landi; þridi Þorer hiortur
nordan ur ³ Uogum, lendur madur og uid-frægur.   ¹³⁷

I moti Bua digra uar ætladur Þorkell midlangur,
allra uikinga uestur uidur-eignar, enn uid-frægaztur at
hreysti og hard-feingi; annar uar Hallsteinn kellinga-bani
²⁵ af Fiollum, mickill kappi; þridi Þorkell leira austann ur
Uik; hann uar lendur madur Haconar iarls.

I moti Sigurdi kapu uoru ætlader Sigurdur iarls-
-son og Armodur ur Aunundar-firdi og Arne, son hans.

I mote Uagne Aka-syni uar ætladur Eirikur, son
³⁰ Haconar iarls; annar Erlingur af Skugga, lendur madur,
og Erlendur, son Haconar iarls, og (skylldu þeir) halda
oruztu uid ³ Uagn Aka-son.

I mote Birnne brezka uar ætladr Einar litli, lendur
madur; annar Halluardur uppsa ⁴; þride Hauardur, broder
³⁵ hans.

<hr />

¹ bp̄ hds.   ² r ofver raden.   ³ I marginalen.   ⁴ Så.

Enn Hacon iarll sialfur skal leika laus uit; hann
skal stydia og styrkia þessar fylkingar allu(r) samanu at
moti Iomsuikingum.

XLII.

Þat er sagt, at .v. uoru islenzker menn [59 a] med iarlli.
Þat uar Skialld-meyiar-Einar, hann uar skalld iarls, og [s]
hafdi Hacon iarll þa minne mætur at honum, enn fyr,
og red hann um at hlaupa i burtt ur flocki Hacouar iarls
og til Siguallda iarls, og kuat þetta uit:

138
                Giorda ueit | ek uirda
                uórd þann er fitur áá jordu   10
                jdrunzt þeff medann | adier
                aur uááder menn fuafu
                kom kat ek þrott þann er þæt|te
                þrenna línz at finna
                færi mig fyrda mæri   15
                fe|re fkialld enn uerrí

"Enda skal ek at uisu til Siguallda fara," sagde hann;
hleypur nu sidann af skipi Hacouar og at brygiur [1], og
giorir sig likligaun til burtt at fara; enn þo uar hann
eigi aurugur i at fara, og uill hanu sia, huernninn iarll [20]
bregdur uit. Og er Einar kemur [2] at bryggiurnar, þa
kuat hanu uisu:

                Sækíum jarll þannz auka
                ulf uerd þorer fuerdum
                hlaupum | uít bord áá barda   25
                baug mílldum Síguallda
                drept eigi fáá fuei|ger
                farlínz af gram fínum
                rond berum ut áá andra
                en|díf uid mier hendí   30

────────
[1] Det forsta r ofver raden.   [2] I marginalen.

Ok nu sier Hacon iarll, at Skialldmeyiar-Einar er i
burtt-buningi. Iarll kallar :u hann og bad hann ganga
til moz uit sig, og Einar giorir nu so. Sidann tekur iarll
skalir godar, er hann atti; þær uoru giorfar af brendu 139
5 silfri og gylldar allar; þar uoru med íj. met, og uar
anat af [gulli en anat af silfri ¹; þar uoru morkut :u mannz-
-likneski ² og hietu ³ þat hluter. Þat uar formonnum ⁴
titt at eiga þessa hlute. Uar iarll uanur at legia i
skalernar, og kuat hann :u, huat huor skylldi merkia;
10 og þa er sa kom upp hluturinn, sem hann uilldi, þa
braullte annar hlutureun og uar alldri kyrr i skaluuum,
og uard þar af glam mikit. Þessar gerseinar gefur iarll
Einare og bad hann uera katann; og nu sezt hann aptur
og fer nu huergi burt, og hier ⁵ af fær Einar kenningar-
15 -uafn og uar kalladur skala-glam.

Anuar islendzkur madur uar Uigfus Uiga-Glums-son;
eun íij. uar Þordur óruhónd ⁶; .ííij. Þorleifur, er kalladr
uar skum:i, hann uar son Þorkels ens audga uestann af
Myrum ur Dyra-firdi; .v. uar ur Aluidru,)Tindur Hall-
20 kels-son.

Þat er sagt, at Þorleifur skum:i fer i skog og höggur
sier kylfu mykla eda rotelldi, og sidann fer hann þar til,
er sueinar matbiuggu, og suidur hann klumbuna i elldinum
og herder kuistuna so; og, hefer hann hana i hendi sier og
25 fer nu ofann til skipanna :u fund Eiriks, og þar er og i
for Einar skala-glam. Og er Eirikur ser þessa kylfu, er
Þorleifur hafdi i hendi, þa mællti Eirikur: "Huat skal uc
kylfa su en mykla, er þu hefer i hendi?" Þorleifur suar-
rar :u þessa leid:

30   Hefi eg j [59 b] hendi
        til hofuds gíoifa
        beín bjot bua
        baul Síguallda |

¹ [silfri gulli en anat af med omflyttningstecken hds. ² mannz
hkneskia hds. ³ hetiu hds. ⁴ Så (skriffel f. fornmonnum? Jfr
Flat. I, 189²) ⁵ I marginalen. ⁶ óruónd hds.

uð uik*i*nga
uð:n hac*onar*
fía fk*al* u*r*rda
ef uæ: líf*um*
eike kylf*a*nn
oþo|:f dau*u*u*m*

Fra þui er nu sagt, at Uigfus Uiga-Glums-son tekur
spiot, er hann atte, og huetur, og ortti hann þessa uisu [1],
adur enn barizt uæri:

Os*s* leik*ur* en*n* lauka   10
líg*gur* heíma feímu
þrau*u*g*ur* at uídr*is* uand*ar* [2] |
vönd*ur* god*ur* fire*r* hönd*um*
hlys kuedíu hæla bo*ff*a
hann u*æ*nter fi*er* an*n*ars   15
vis und*er* | uav:mu*m* bægí
u*i*er* fk:eytum fpio: neyta

"Uel er þetta kuedit," sagdi iarll. Nu ganga þeir
141 Eirikur :u skip og þessir hiner islenzku menn med honum,
og fara þeir Eirikur nu ut til [3] skipa-flotans.   20

XLIII.

Nu lætur Hacon iarll og Eirikur [4] kueda uit ludra sina
og skipa til at-rodrar lidi sinu. Epter þetta leggiazt at
fylk*i*ngar þeirra [Haconar iarls og Iomsuikingar [5] med þeirri
til-sk*i*pann, sem fyr uar fra sagt. Ilacon iarll er fyst i
fylkingu med Sueini, syne sinum, at styrkia hann i mot: 25
Siguallda. Þat uar firer solar upp-ras, er bardaginn hofz,
og tokzt þar inn hardazti bardagi, og þarf öngum soknar
at [6] frya. Borduzt þeir fyst med griote; marger skutu
af las-bogum eda palstofum og af hand-bogum, sumer

---

    [1] þessa *tillagger hds*   [2] n *otydligt, dock knappast* r   [3] *Under*
raden.   [4] *Härefter* lud *ofverstruket.*   [5] [h'. j. og jomsuikinga*r* (g*a*
sammanskrifna) *hds.*   [6] *Harefter* fyr *utstruket.*

skutu spiotum og fletti-skeptum, og uar þessi hrid all-
-hord, og orttizt skiott :a um mann-fallit i lid Nord-
-manna.

Og er [þeir hafa [1] skamma stund barizt, sia þeir
5 Hacon iarll og menn hans til fylkingar þeirrar, er i mot
Bua uar, at hann hafdi mikit skard :a giortt þeirri
fylking; hefer hann högguit teingsl [2] sin og leyst allann 142
flota þeirra, og fengu þeir enn mesta osigur af Bua og
mikit mann-tion i þessu sinni, þuiat Bui uard þeim stor-
10 -höggur, so at aunguar hlifar stoduzt hogg hanns, og
allir hans menn ueittu honum ina beztu fylgd, og giordu
þeir hardar at-laugur sinum motstaudu-monnum, og urdu
þeir miog mann-skæder. Þat sia þeir Hacon i annann
stad, at iafnleikit er med þeim Uagni og Eiriki, og lata
15 þar huoriger undann, og uoru þeir i hinum sydra fylkingar-
-armi; uar þar og in hardazti bardagi med þeim. Og nu
leggur Eirikur fra skipi sinu, þat er hann sialfur er :a,
og so giorer Sueinn, broder hans, og fara at leggia at [3]
Bua, og beriazt þeir nu bader uit Bua; enn Bui ueiter
20 þeim hartt uit-nam og aller hans menn. Uerdur þar nu
mann-fall mikit; þar uar þa illt at uera blaudum monnum
innann-borrz; og fa þeir Erikur þa rett fylking þeirra,
og huerfa þeir uit þat fra.

Enn Hacon iarll bardizt uit Siguallda, medann Sueinn
25 uar i burttu; enn er Eirikur [60 a] kemur aptur i fylkingar-
-arm [4] sinn hinn sydra [5], þa sier hann, at Uagn hefer
rofit alla fylkingina, og uoru sundur-skila ordinn aull
skipinn Eiriks, og hafa þeir Uagn og hans menn i gegnum
lagt alla fylkingina, [— og uoru sundur-skila oll skipinn — [6],
30 og drepit af fiollda [7] manna af lidi Eiriks; uoru þa miog 143
skipinn hrodinn, er Eirikur kom til. Nu uerdur Eirikur
reidur miog, er hann sier þetta, og bidur samann teingia
skipinn og leggur nu at Iarn-bardann at skeid þeirri, er

---

[1] [hafa þeir *med omflyttningstecken hds.* [2] teingls *hds.* [3] *Öfver*
raden. [4] r *ufver raden.* [5] syrdra *hds.* [6] *Dessa ord aro tydligen*
oriktigt upprepade. [7] fiolldi *hds.*

Uagn styrdi. Staukua nu samann skipinn, og beriazt þa
af allri aluoru og stinga samann at stöfnum [skip sin[1];
og hefer eigi uerit hardari sokn, enn þessi uar.
Og þa
er þat sagt, at þeir Uagn og Holmskalle hlaupa af skeid-
ini og :a Iarn-bardann og sitt bord huor þeirra, og[2]
hoggur huortuegi :n bad.r hendur bædi titt og stortt, so
aunguer hellduz uit höggum þeirra; og hrauckur nu
undann þeim lidit, þat er þui kemur uit, og fa[2] þo
marger stora :a-uerka og lif-tion, þuiat þeir Uagn uoru
miog mannskæder og sarhöguer. Eirikur sier nu, at þessir[10]
menn eru so oder og sterker, og eigi ma so uera leingur,
og sem skiotazt mun þurfa at leita rada, og skilur. at
þeir munu skiott uinna skipit, ef þessu helldur fram,
þuiat þeir drepa alla menn, [þa sem[3] þeim uoru næster. As-
lakur er madur sterkur og skollottur, og hefer eigi hialm[15]
:n hofdi, og etur fram berum skallanum um bardagann.
Þat er sagt, at heid-skirtt uar uedur um daginn og sol-
-skin biartt og hid bezta uedur, og fara marger menn
ur klædum um dæginu[4] firer hita saker.

[144] Nu eggiar Eirikur menn sina i moti þeim; og uu[20]
uerdur so, at nockurir menn fara i moti Aslaki holmskalla
og bera uopn :n hann og hauggua i haufud honum med
suerdum og oxum, og þickir þeim honum eigi annat geig-
uænligra. Enn þat er sagt, at monnum syndizt, sem dust
ryke ur[5] skallanum, er þeir hiöggu[6] i, og beit ecki æ;[25]
enn Aslakur hio til þeirra i moti og ueitti þeim bana,
enn særdi suma. Þat er sagt, þa er þessu hefer fram
farit um stund, þa tekur Uigfus Uigaglum(s)-son upp
nefstedia einn mikinn, er þar la :n þiliuni i skipinu, er
hann hafdi þar hnodit uit suerdz-hiallt sitt, og sidann[30]
hefur hann upp stediann med badum höndum og rekur
stedia-nefit i haufud Aslaki holmskalla, suo at i heilanum
nam stadar, og fell hann þegar nidur daudur. Enn Uagn

---

[1] fkipfin hds.   [2] Öfver raden.   [3] [sem þa med omflyttnings-
tecken hds.   [4] Så.   [5] Harefter sta utstruket.   [6] hiöggiu hds.

geingur nu med odru bordi og rydz nu um ed ¹ hardazta
og fellir menn ꜳ badar hendur sier og ueiter morgum
manne bana, enn suma særir hann til olifis. Nu flyia
menn undann honum um skipit, og uilldu önguer honum
⁵ nær uera; enn Uagn sæker hardliga epter þeim og drepur ²
huern sem einn, er hann naer til med suerdinu, og alldri
uard honum fræknari [60 b] madur. Og er þessu hefer
fram farit um stund, so at ecki stendur uit honum, þa
hleypur Þorleifur skuma i moti Uagni og lystur til hanns
¹⁰ med eike-kylfunni, og kom hauggit · ꜳ h(i)alminn uppi, ¹⁴⁵
og þo spryngur eigi hialmurinn i sundur. Uagn hallazt
uit hauggit, og i þui er hann stakar, þa stingur Uagn
fram suerdinu til Þorleifs ³, og kom ꜳ hann midiann.
Og epter þat stiklar Uagn af skipinu Eiriks og ꜳ sitt
¹⁵ skip; enn so hofdu þeir Uagn og Aslakur ruddann Iarn-
bardann, at fatt eina manna herfærtt uar epter ꜳ skipinu;
uoru sumer særder, so at til einkis uoru færer, enn allur
fioldi uar daudur af Eiriki. (Eirikur) lætur nu ganga
menn af odrum skipum ꜳ Iarnbardann, þar til er hann
²⁰ uar allur skipadur i audru sinni; og nu er aunnur at-
-laga med þeim Eiriki og Uagni, og er þar enn snarpazta
oruzta, og so er nu med þeim ollum Iomsuikingum og
lidi Haconar.

Þessi oruzta ⁴ hefer uerit ꜳ-gætuzt miog, og alldri
²⁵ hafa Daner þui-likan ordstyr borit uit Nord-menn firer
þa sauk, at lids-munur uar so mikill, at fimm uoru Nord-
-menn um einn Dan, og þat lid at auk er kom til þeirra
fedga um alla daga, medann barizt uar, og kom þat firer
litit, medann Iomsuikingar attu (uit) menn eina at beriazt,
³⁰ þuiat þeim geck (þa) myklu betur bardaginn, þuiat þeir
Iomsuikingar giora hardar at-logur þeim fedgum og lidi
þeirra ollu, so at mikit undur uar at, og urdu þeir hardla ⁵
manuskæder, þui at so er sannliga ⁶ sagt, at huar sem
þeir hauggua eda leggia eda skiota, at þeir mistu litt ¹⁴⁶

---

¹ I marginalen. ² Harefter hef ofverstruket. ³ Þork. hds.
⁴ Härefter og so ofverstruket. ⁵ d ofver raden. ⁶ ſamilga hds.

sinna ouina; og uerdur þar nu skamt storra tidinda i
milli, og morg uerda iafn-snema bædi i mann-drapum og
:n-uerkum. Ueiter þeim fedgum þungt og ollu lidi þeirra
þessi oruzta, þuiat mikill fiolldi er drepinn af lidı þeirra,
og ueit eingi madur tal a, huersu margur madur þar 5
hefer lif sitt latit af Nord-monnum, enn fatt eina fell af
Iomsuikingum; marger uoru og sarir af lidi þeirra fedga,
og uoru af sumûm hôggner fætur. enn af sumum hendur;
uoru þeir fair af Nord-monnum, at eige uæri nockut sarer.
Beriazt [1] þeir nu Nordlendingar med :n-kafligum og ogur- 10
ligum at-gangi, so at mikil furda uar at; enn þo uoru
þeir fremster Bui og Uagn og þeirra lid, og þickiazt
þeir uest hafa, er þeim geingu ı mote.

Nu sier Hacon iarll, i huertt efni komit er, og eigi
mun so buit hlyda; og luta þeir Hacon iarll þui siga skip 15
sin undann og at landi, og 'uilia eigi hallda leingur.
Slikt id sama giorer Eirikur, at hann leggur skip sin at
landi undann þeim Uagni. Og er skipa-floti þeirra Nord-
-manna uar allur at landi kominn, sa er eigi uar hrodinn,
þa er huild nockur :n bardaganum. [61 a]   20

XLIV.

147 Nu hittuz þeir fedgar allir samann, og talazt [2] þeir uit
Hacon iarll og [3] syner hans. Hacon mælltı þetta: "Þat
se ek, at stor-miog tekur þardaginn at hallazt :n oss, og
uar þat bædi, at ek hugda illt til at beriazt uit þessa
menn, enda uerdur oss at þui — hefi ek oppt i bardaugum [4] 25
uerit og mann-haska, ok hefi eg alldri uit þuilika menn att
fyr. Hofum uær nu raun af þui, er adur hofum uier
spurn eina til hapt, at þeir eru myklu meiri ofur-efflis-
-menn at hard-feingi og uerri uidur-eignar, enn allir menn
adrer, og eigi munu uier legia til oruztu i moti þeim ı 30
annat sinn, nema nockura rada se ı leitat." Þetta sonnudu

---

¹ b'iaizt *hds.* ² la *úfver raden.* ³ *Öfver raden.* ⁴ *Det första*
u *ofver raden.*

þeir syner Haconar iarls. Þetta mællti Hacon iarll: "Nu
skulu þier hier uera med hernum, þuiat ouarligt er, at
allir for-stiorar fari fra lidinu, og er alldri auruænt, at
þeir leggi at oss; enn eg mun ganga :a land upp uit fa
⁵ menn."

Nu fer Hacon iarll upp :a land nordur i eyna Prim-
signd; þar uar skogur mikill ı eyıunnı; og geingur Hacon
iarll i riodur eitt, og legzt hann þar nıdur og horfer i ıⁱ⁸
nordur og hefer þa for-mala firer sier; og þar kemur, at
¹⁰ hann heiter ¹ :a full-trua sin Þorgerdi Hólda-brudi eda
Hórda-troll, þuiat ynıizt er hun kollud. Hann ueitti henni
mikit :u-kall af ollum hug, enn hun dauf-heyrdizt uit honum
og hans bæn, og ueittizt⁻¹ honum sein and-suor, og þickizt
hann þat finna, at hun er reid ordinn miog. Nu bydur
¹⁵ hann henni ymsa hluti i blot-skap, og uill hun eckı þat ²
þigia Hacon iarll fellir nu blot(span) sidann, og uisar
so til, at mann-blot mun þegıt uera; og tekur blotit at
uexa, og bydur hann henni alla menn til blota, nema
sialfann sig og syni sina. Hefer iarll nu frami oll blot,
²⁰ þau sem hann ma, med fiandlıgum taufrum; beygdi hann
sig :u marga uega firer henni og lagdızt til iardar allur
med diofulıgum krapti, þuiat honum þottı lif sitt uit
liggia, at hann uærı heyrdur Hacon iarll attı sier son,
þann er Erlingur het, og uar hann .uíj. uetra ⁸ gamall
²⁵ og inn efniligazti at ollu; og þar kemur at lyktum, at
uit geıngur bæn hans, at iarll bydur Erling, son sinn, til
bloz og til sigurs sier. Epter þetta þickizt Hacon iarll
uita, at hun hafdi heyrtt bæn haus. Sıdann sender hann
epter sueininum og fær hann i hendur Skopta karkk,
³⁰ þræl sinum; fer hann og sker sueininn :a hals, sem Hacon ıⁱⁱ
iarll mællti firer.

Epter þat fer Hacon iarll aptur til skipa sinna, og
seger iarllinum suo hugur um, at honum mun uel ganga
bardaginn; og eggiar hann nu miog lidit til oruztu, enn
³⁵ flestir uoru þess ecki fusır. Enu med eggiann iarls, —

---

¹ Så. ² I margınalen. ⁸ e under raden.

og hann seigizt heitit hafa til sigurs þeim, — þa giora
þeir, sem hann [61 b] bad, og biugguz ¹ þeir til at-lögu i
annat sinn, sem þeim þotti uænst. Nu hafdi nockur huilld
ordit :n bardaganum, medann þeir Hacon hofdu burtu
uerit, og hofdu Iomsuikingar buizt uit oruztu. Hacon ⁵
iarll geingur nu :a skip, og leggia nu at i odru sinni, og
er Hacon iarll þa i moti Siguallda.

XLV.

Nu hefzt aunnur oruzta med þeim, og geingur Hacon
nu fram i trauste Þorgerdar Hörda-trollz og þeirra Irpu.
systur hennar, og lidur nu :a dæginn ² og læger solina ¹⁰
₁₅₀ miog. Þat er sagt, at uedrit tok at þyckna i nordrit,
og dregur upp sky med ollu skiott, og þar med fylger iel
mikit og sterkuidri ogurligt; med þessu illuidri fyllgdi ² bædi
elldingar og reydar-þrymer ² storer. Þeir Iomsuikingar
attu allir at uega i moti ielinu. Þetta uedur uar so med ₁₅
myklum undrum, at menn ³ af lidi þeirra Iomsuikinga hofdu
farit af ⁴ klædum um dæginn ² firer hita saker, so at þeir
hofdu engi önnur klædi enn her-klædi; enn uedrit giordizt
nu nockuru odru-uis, enn adur hafdi uerit, og tekur þeim
nu at ⁵ kolna, er i gegn horfdu uedrinu. Sneri nu miog ²⁰
mann-fallinu i lid Iomsuikinga, firer þui at þetta id mikla
uedur giordi mikit traust til fram-gaungu Haconi iarlli
og hans lidi; enn Iomsuikingar fa mikinn skada Uar
þeim eigi hægt uornn uit at koma, þuiat þeir sau oglot,
huat firer uar, er þessu hagli bardi framann :a þa, þat ²⁵
er likara uar hordu griote enn iele; bar og miog sterk-
uidrit uopninn firer þeim, huort er þeir skutu eda hiuggu,
so at marger mattu traudliga uega i mot þessu illuidri;
enn þo uorduzt Iomsuikingar all-dreingiliga og af mikille
hreyste, og uar þessi hrid nu all-hordd.   ³⁰

---

¹ Af skrifvaren ändradt från biorguzt ² Så. ³ Skrifvaren
har möjl. ofverhoppat något; jfr Inledningen ⁴ Under raden.
⁵ Öfver raden.

Það er sagt, at Hauardur hogguandi, er uar med
Bua digra, sier fyst trollkonuna ogurliga med æ-sionu
illri Þorgerdar Hörda-brudar i lidi Haconar iarls, og ısı
marger adrer sia þetta, þott eigi sie ofresker; og þa er
⁵ nockut linar ielinu, sia þeir, at oruar fliuga af huerium
fingri þessa fianda, og uard æ-uallt madur firer hueri
aur, so at bana feck af. Fellu þa marger menn af lide
Iomsuikinga af þessum fianda-galldri, og seigia þeir Sig-
uallda og odrum sinum felaugum. Sigualldi mællti þa:
¹⁰ "Ecki þicki mier olıkligt, at uier eigum ¹ eigi uit menn
eina at beriazt i dag, helldur uıt ina mestu fiandur, og
mun þat þickia meirı raun at ganga i mot trollum; enn
þo er nu naud-syn, at menn halldızt uit sem bezt."

Það er sagt fra Haconi iarlli, þa er hann finnur, at
¹⁵ ielit minkar, at hann kallar þa enn fast æ Þorgerdi
Höllda-troll og hennar systur Irpu, og bıdur þær duga
epter ollu sinu megne og seger, huersu mikit hann hefer
til unnit; og þa rauckur enn at audru ieli i audru sinni,
og er nu enn meira og hardara, ef þat mætti uera, enn fyr;
²⁰ og ecki uedur hefer meira og uera uerit, þat er menn
hafi til frett. Og i þessu uedri onduerdu sier Hauardur
högguandi og marger adrer .íj. trollkonur standa [62 a]
i lyptingu æ skipi Haconar iarls, og fliuga auruar af
huerium fiugri þeirra i lid Iomsuikinga, og uard huer
²⁵ aurin mannz bani. Firer þessum diofuls-krapti og galldre ısз
[fell fiolde lids ² af Iomsuikingum og marger, þeir er adur
hofdu bariz med mikille hreyste. Það er sagt, at þeir
Hacon iarll giordu hardar at-laugur og borduzt nu diarf-
lıga. Nu er þess getit, at Hacon iarll bardizt so diarfliga,
³⁰ at um sider steipte hann af sier bryniunne firer [saker
hita ² og erfidis; so seiger Tindur:

Vadar | gíms *sem* giordí
bíog timu*m* jmu he*r*da

---

¹ ei- ² *marginalen.* ² [fiolde lids fell *hds.* ³ [hita saker *med*
omflyttnıngstecken hds.

gnyɹ ox fiolnis fyɹda
fagurlíg fæng jarlle |
þarf hring fioen hanga
hɹím feɹkur nidur um merke
bɹynníu [1] ɹuddz ɹid maɹar | rode   5
ɹaftar uardar kafta

Og enn kuad hann:

Gat óhɹædín ædra
odd galldurs | enn Sígualldi
vítt fauck næte [2] níotar   10
vídur nam bua kuantí
adur | mot ɹóduls mattu
magɹendur grimnís vagna
faung at fuerda þíngí
faɹla þɹɛnfkum jaɹllí   15

Og enn kuad hann:

Dɹeif at uidɹis uedɹí
vargi grim | áä margann
verd aud kundu uirdɹi
vagll agls tímís hagllí   20
þars j fvndur | áä fandí
foɹla bligs fircr jaɹlli
þess hafa fegger feffi
feɹk hɹíng ofinn merkí

Þa hruduzt af Ioms-uikingum halfur þride togur 25
skipa; og þat seger Tindur Hallkels-son i flocki þeim,
er hann orti um Ioms-uikinga, og heyrer so þar til, at
hann uar þar sialfur:

Vann at níunda fínne
uerd biodí hugíus ferdaɹ   30

---

[1] *Bor möjligen föras till föregående versraden, ty äfven efter
ordet står punkt, som i visorna eljest brukas blott vid förkortning
och vid slutet af hvarje versrad.* [2] *Otydligt, dock knappast nære*

beít folgagar fueíta |
fuerd eggía fpoɿ leggí
at hío: meidar herde: [1]
hættíng uar þat mættí
leidar | langa fkeída
lids halfann tog þridia

Og enn kuad hann:

Foɿrad jarllenn | ǽɿa
hendur hermauɿum kendi
gvndla: doms at glaumí
geíɿs | tíɿa: fó: meíɿe
undz þa er hɿaud enn haudri
hialldur ɿæfi eg þat | giolldum
nunnar fus ǽ mætí
moɿdur uikínga fkeídar

154

Og enn kuad hann:

—Gioɿduzt góndla: boɿda [2]
glaumur óx þar at er naumu
audi grims | at eydíz
oll lónd dana bɿandí
kent hefer hægur at hóggua
hræ|ber bíɿtíngum fenar
vedz eggí undum uiggiar
veggurf [3] nídz um þat [4] fkeggí

Og enn kuad hann:

Saddí jarll þaɿs odda
of þing famann geíngu
van hugda valt hungri
hranna | byɿgís nafní
moɿd fkya: ward monnum
míftar gott tɿl uífta

---

[1] *Mycket otydlɪgt* (h'der?), *endast* h *och* ɿ *sǎkra.* [2] oɿ öfver
raden. [3] *Tecknet* ɿ *otydlɪgt.* [4] þeɿɿ?

heí|díns domf at hada
ölld uann¹ maꝛkaꝛ² fídu.

Og enn kuad hann:

Þat uíll olld medann alldeꝛ
yngs kuediu menn byggía   5
gnogt þess er gog|lum‿ueittí`
glaum haconar ſæfí
þui hyckbitꝛum beíta
baund at uílldu | landi
hyck laꝛ eíde lyda   10
lætur hueríum gramm betri

hꝛaud enn hꝛoptur | um nadí²
híalduꝛ fkya ualnyum
þar uar líndz firer landí
leid anguꝛ dana | fkeídaꝛ   15

Þessi hrid uar nu hardla⁴ ogurlig af at-sokn⁵ dioflanna
med þui illa uedre, er þar fylgde, og af at-gange lidsens,
en uidur-takan uar og all-hord af [62 b] Iomsuikingum,
þui at bader þeir Bui og Uagn og aller, þeir er þeim
fylgdu, borduzt og alldiarfliga med mikilli hreysti og 20
agæetre uórnn.

Nu tekur Sigualldi til orda og mællti uit Bua: "Nu
uil eg i burt flya, og giore so aller miner menn, firer
þui at nu er eigi uit menn at beriazt, helldur uit diofla
at eiga; er nu þui uerra enn fyrr, at nu eru .íj. ielinn; 25
enda skal eg ecki leingur uit halldazt, og er eitt til kostar,
at uer flyum eigi undann monnum; og ecki streingdum
uier þess heit, at beriazt uit troll eda illþydi þui-lik."

XLVI.

Nu lætur Sigualldi hauggua teingslinn⁶ af skipum sinum
og snyr skipinu og kalladi ꝛa þa Bua og Uagnn, at þeir 30

_ _ _ _
¹ nann? ² k otydlıgt. ³ uadí? ⁴ harlda hds. ⁵ For sokn
ar forst skrifvet gangi, som öfverstrukıts. ⁶ teınglsinn hds.

skyllddu aller flya. Og i þui er Sigualldi hafdi fra leyst ↑⁵⁶
skipa-flota sinn, þa hleypur Þorkell midlangur upp :a
skip Bua digra ok hoggur til Bua, og ber þetta allt
bradann at, og hoggur af honum uôrina og hôkuna alla
⁵ nidur i gegnum, so at þat fell [þegar nidur ¹ i skipit, so at
fuku ur honum tennurnar. Bui mællti, þa er hann feck
hoggit: "Uaskliga er hogguit, Þorkell! enn ecki em eg nu
fridare enn adur, og eigi mun enne daunsku betra þickia
at kyssa oss i Borgundar-holme, er uier komum þar."
¹⁰ Þorkell hafdi fallit, er hann hio til Bua, er hælt uar :a
skipinu af blodi; Bui hoggr i moti til Þorkels, og kemur
hôggit under uinstre hond honum og sneid hann i sundur
i midiu med ollum herklædunum uid skip-bordinu, suo at
sier huor fell hluturinn. Epter þat þrifur Bui kystur .íj.
¹⁵ fullar af gulli, er hann atti, og kallar: "Firer bord allir
Bua þegnar!" Epter þat hliop Bui ut af saxinu :a sioinn
og þegar :a kaf med kisturnar, og kemur huorki upp
sidann, so at [menn sæi ²; og er þat mal manna, at eingi
einn hafi meiri kappi uerit i lidi þeirra Iomsuikinga, enn
²⁰ Bui digri; hafdi hann og so margann mann drepit i
bardaganum, at þat kunni einginn madur at telia. So
seiger Tindur:

> Þa er firer boıd :á baıda
> j bıudar fang at ganga
²⁵ > uedur magnanda uidıis   ¹³⁷
> uird|endur bua kendu
> mikin gíoıdí her hioıua
> hlíomur bui funnann
> bauga ³ ſkerdur | at bıeídu
³⁰ > balldur hakonar ualldi

> undur er þıytt ef þıíndí
> þann kendi ual er | ſender

---

¹ [nidur þegar *med omflyttningstecken hds.* ² [sæi menn *med*
omflyttningstecken hds. ³ ga *sammanskrifna.*

> gulli fafnadar gumna [1]
> godinnar hıæum fiarre

So heiter fio(r)durinn.

Nu falla marger menn Bua, enn sumer hlaupa firer bord, og hafdi huer þeirra adur marga menn fellda. Sig-[5] ualldi med sinum monnum dregz nu fra skipa-flotanum og kalladi æ Uagnn og bad þa flya skylldu. Uagnn suarar og mællti: "Þui flyr þu, hinn illi nidingr! uit litenn ordstir? Selur þu os med skemd þeirri, er þu munt heim hafa og uid lifa allann þinn alldur." Þat er sagt, at[10] 158 Siguallda hafdi [2] kallt ordit i ielinu, og uill hann lata órnna sier, og sezt hann til ıara og rær; enn hann setur annann mann til stiornar ıa skipinu. Uagn skytur þa spioti epter honum, og kemur þat i milli herda þeim, er styrdi. og feck sa þegar bana, af þui at Uagn hugdi þat[15] Siguallda. Þa kuat Uagn uisu:

> Sigualldi [3] hefcr so fetta
> fialfa [63a] off und kylfu
> og fa hıodígur flydí
> foı heím til danmerkuı   20
> hygzt | j fadm at falla
> flíott nu konu finní
> enn firer boıdít bıeida
> buí | geck mcd hugıeíde

Þorkell hinn hafi for þegar, er Sigualldi, broder hans,[25] hafdi fra snuit skipi sinu; og þar epter for Sigurdur kapa, broder Bua, þuiat Bui uar þa firer bord geinginn, og uar eckı hans at bida; og þickizt huor-tueggi þeirra Þorkels og Sigurdar hafa entt heit-streinging sina; og fara þeir Sigualldi allir samt sudur til Danmerkur, og hofdu þeir[30] .xxx. skipa; en þeir, er epter uoru og eigi uildu flya, hlaupa æ skeidina Uagns og ueriaz þar allir samt.

---

[1] gūna   [2] d *ofver raden.*   [3] *Harefter* 4 *bokstafver* (huoı?) *ofverstrukna.*

XLVII.

Epter þat er þeir Sigualldi hofdu burtt fluit, enn Bui ¹³⁹
uar firer bord geinginn, þa snyr Hacon iarll med ollu
lidinu at þar, er Uagn er; enn þeir Uagn og hans menn
snuazt nu uel uit, firer þui at hrauster dreingir uoru
⁵ innannbordz, enn skipit uar mickit og all-bord-hatt, og
uar gott uigi, enn morg smaskip hofdu næst lagt skeidini.
Þa kallar Hacon iarll ᴁ menn sina og [bad þa ¹, at þeir
skyldu fra leggia sma-skipunum, enn leggia at stæri skip
og þau, er ᴁ stiorn-borda uæri, og so giordu þeir; leggia
¹⁰ þeir þa ollum hinum sterkum skipunum at skeidini Uagns
um-huerfis, so sem þeir mega flestum uit koma; enn þar
ut i fra kringdi um utann allur herinn, so at bædi mattu
þeir skiota ᴁ skeidina oruum og spiotum, palstofum og
flette-skeptum.　Enn [þeir hiner ² ᴁ-gætu kappar, Uagn
¹⁵ og hans menn, beriaz so snarpliga af mikilli hreyste og
hard-feingi, at þeir drapu alla þa menn, er til leitudu at
hlaupa upp ᴁ skeidina, og nadu þar aunguer upp-gongu.
Þessi oruzta uar nu all-hord af ᴁ-kafri ³ at-sokn hersins,
enn þo mest af uorn dreingiligri, er Uagn ueitti og aller
²⁰ hans menn.　Þeir borduzt, þar til er myrt uar af natt, ¹⁶⁰
og fa þeir eigi unnit skeidina Uagns.　Þetta kuelld kuat
Uigfus Uiga-Glaums-son, þa er menn sottu at skeidinui
Uagns Aka-sonar:

　　　　Varda꞉ hægt þar er hu꞉de꞉
²⁵　　　hió꞉ | klofnar ſa eg h꞉o꞉nna ⁴
　　　　hatt ſŏng hío꞉ua geítís
　　　　hers til vagnſ at legía |
　　　　þar gengum uier þiŏnguar
　　　　þunn iſe baud grimnar
³⁰　　　ſtraung uar danzk꞉a dreíngia
　　　　dau꞉v ⁵ flaug til kna꞉ra꞉

----

¹ [þa bad med omflyttnɪngstecken hds.　² [hiner þeir med om-
flyttnɪngstecken hds.　³ af ka꞉rɪ hds.　⁴ Det forsta ɪ under, o꞉
öfver raden.　⁵ v under raden.

Og þa letta þeir bardaganum, og stannda þa eigi
miog marger menn upp a skeidinni Uagns.

XLVIII.

Nu lætur Hacon iarll taka reidann allann fra skeidinni;
og er þetta uar giort, roa þeir Hacon iarll og hans menn
til landz, firer þui at þa matti eigi kanna skipinn firer
natt-myrkri, huat lif-uænt uæri af monnum. Skiota þeir
nu yfer sig tiolldum a landi og þickiaz nu eiga sigri af
hrosa. Hacon iarll let þa taka haglit og let uega [63 b]
þat, og stod haglit huertt eyri, og þotti Haconi iarlli
mikils um uertt um matt þeirra systra. Sidann binnda 10
þeir sar manna, og uoru þeir nær onguer, at eigi uæri
sarer. Þeir uaka nu um nottina, Hacon iarll og Gud-
brandur, frændi hans, ur Daulum.

161   Nu er at [seigia fra [1] Uagni Aka-syne og Birnne
hinum brezka, at þeir tala med sier, huat þeir skylldu 15
rads taka. Uagn mællti og sagdi þat annat-huort at
uera þar a skipinu, til þess er dagur kemur, "og ueriazt,
medann uier megum; hinn er annar, at fara inn til landz
og giora slikt illt a monnum Haconar, sem uier megum."
Og þetta rad hafa þeir, at þeir taka siglu-tred og rana 20
og flytiazt þar med, og eru samann .lxxx. manna. Þeir
uilldu leita til landz, og komazt þeir i sker eitt, og
þottuzt þeir uera komner a megin-land; og uoru þa
marger miog farner, og letu þar lif [2] sitt .x. menn bædi
af kulda og sarum, enn .lxx. lifdu epter, og uoru þeir þo 25
marger þrekader miog af sarum, og þo mest af kulda.
Uerdur þa ecki komizt leingra at sinne.

XLIX.

Nu er sagt, at þegar er Bui uar firer bord geinginn,
og þeir Sigualldi uoru burt flyder, þa letti af ielinu og

_____

   [1] [fra seigia _med omflyttningstecken hds._ [2] _Felaktigt upp-_
repadt i hds.

so elldingum og reidar-þrumum, og er þa epter gott
uedur og kyrt og heid-skirtt og þo kallt miog. Uoru 162
þeir Uagnn i skerinu og menn hans, þar til er dagur
uar, og liost uar ordit.

⁵ Um nottina adur heyra menn, at streingur gellur, og
flygur aur af skipi þui, er Bui hafdi att, og kemur under
hönd Gudbrandi ur Daulum, frænda ¹ Haconar iarls, og
fellur hann þegar daudur nidur; og þotte iarlli þetta inn
mesti mann-skadi og morgum ödrum um slikann dreing,
¹⁰ sem Gudbrandur uar. Og nu bua þeir um lik hans, sem
sidur uar til.

Þess er getit, at Eirikur geck ut um nottina og sa,
at madur einn stendur hia tialldz-dyrunum; og er Eirikur
leit þenna mann, þa spyr hann, huer þessi madur uæri,
¹⁵ er hier stendur, "eda þui ertu so faulur sem daudur
madur?" Enn þetta uar Þorleifur skuma, islenzkur madur.
"Þat kann eg at sia," sagdi Eirikur, "at þu ert at bana
komenn, eda huad er þier?" Þorleifur seger: "Ei ueit
eg, nema blodrefellinn Uagns Aka-sonar hefdi komit uit
²⁰ mig litt i gær. er eg laust hann klumbu-hoggit." Eirikur
mællti: "Illa hefer þa fader þinn halldit ut æ Islandi. ef
þu skallt nu deyia, so roskur dreingur." Þetta heyrer 163
Einar skala-glam, og uard honum uisa æ munne:

Þat kuad jaill at være
²⁵   brenuígs firer haf funnann
            þa er æ feima fæii
            farjellda fpöi vöiu
            aulldungís hefer illa
            eybaugs ef þu fkallt deyia |
³⁰   víft hyggívm þat uíggíar
            valldur þínn fader halldít

Epter þat fell Þorleifur og uar þegar daudur. Þat
er og sagt, at marger menn adrer letu lif sitt af sarum
um nottina, enn sumer sidar, af lide Haconar iarls.

_____

¹ frænda *hds.*

L.

Um morgunninn, þegar liost uar ordit, fara menn iarls
at kanna skipinn. Þeir koma a þat skip, er Bui hafdi
att; þeim þotte sa illz uerdur, er skotit hafdi. Þeir finna
þar [64 a] eirnn mann lifanda, enn eigi fleire; enn þat uar
Hauardur hauguandi, er uerit hafdi madur Bua; hann s
uar þo sar miog, so at af honum uoru bader fæturner
firer ofann kne. Þeir Sueinn Haconar-son og Þorkell
leira ganga þangat at; þa spyr Hauardur Suein, "huort
nockut kæmi sending af skipinu a land til yduar i nott?"
164 Þeir suara: "Kom sending at uisu, eda huort hefer þu 10
ualldit þeirri sendingu?" — "Ecki er þess at dylia," (seger
hann,) "at eg senda ydur skeytit, eda uard nockur firer þui
eda mein at?" Þeir sògdu, at bana feck sa, er firer uard.
"Huer uard firer?" seiger hann. "Gudbrandur huiti," seigia
þeir. "Ia," sagdi Hauardur, "þess uard nu eigi audit, 15
sem eg uillda hellzt, þuiat iarlli hafda eg ætlat skotit;
enn uel skal nu yfer lata, er firer uard nockur, sa er
ydur þotte skadi i uera." "Ecki er at lita a þat," seger
Þorkell leira, "og drepe þenna mann sem skiotazt." Og
sidann hòggur Þorkell til hans, og marger adrer hlaupa 20
þa til og saxa hann, þar til er hann uar daudur. Og nu
fara þeir til landz, er þeir hafa þetta giort, og saugdu
Haconi iarlli, huern þeir hefdi drepit; og þat sògduzt
þeir hafa heyrt a ordlagi hans, at hann mundi eigi hafa
skortt hardfeinge.   25

LI.

Nu sia þeir, huar miog marger menn samann eru i
skerinu, og bidur Hacon iarll at fara epter þeim og færa
165 honum giorualla, og lezt hann uilia lata rada firer liflati
þeirra. Þeir fara nu, þar til er þeir koma at skerinu;
enn þat uar bædi, at faer menn uoru færer til at ueria sig 30
firer kulda saker og þess med, er sarer uoru, enda uorduzt
og aunguer. Nu uar Uagnn handtekinn gior og aller

hans menn af iarlls-monnum, og uoru þeir flutter til landz
og :a fund Haconar iarls. Iarllinn lætur nu leida Uagnn
og alla hans menn upp :a land, og uoru reknar hendur
þeirra :a bak aptur, og bundinn huer þeirra hia ödrum
⁵ og i einum streing oþyrmsamliga; enn Skopti ¹ karkur
og adrer þrælar med honum uardueıttu þa og hallda
streingnum. Enn iarll og annat lid hans fara til matar,
enn ætludu um daginn i ærnu tomi at högua skylldi
Iomsuikinga, þa er :a streingnum uoru. Enn adur þeir
¹⁰ iarll foru til dryckiu, uoru at landi flutt skip þeirra Ioms-
uikinga og so fiar-hluter; uar þat fe til ² skiptis borit, og
skipti Hacon iarll og lid hans ollu þessu fe med sier og
so uopnum þeirra, og þick(i)azt þa hafa feingit mikit fe,
med storum sigri unnit, hafa höndlat nu Iomsuikinga, enn
¹⁵ fioldi uar drepinn, enn aller adrer :a burt flyder. Enn
er þeir iarll uoru metter, þa ganga þeir ut ur budum
sinum og fara þangat til, er þeir Iomsuikingar satu i
streingnum; og er Þorkell leira til ætladur at haugua þa ¹⁶⁶
alla. Þeir hafa adur ord uit þa Iomsuikinga, og uilia
²⁰ þeir uita adur, huort Iomsuikingar eru so hrauster menn,
sem fra hefer uerit sagt.

LII.

Nu er þat sagt, at þar eru leyster menn ur streingnum;
þeir uoru miog sarer. Þat uınna þrælarner uit, at þeir
snara uondu ı har þeim, er til högs uoru [64 ᵇ] leidder.
²⁵ Þa uoru þesser menn .íij. fyrst högner, er sarer uoru, og
höggur Þorkell leira hofud af þeim öllum; sidann mællti
hann til felaga sinna: "Huort hefer mier nockut brugdit
uit þetta? þui at þat er mællt, ef madur hoggur þria
menn i samt af lifi, at flestum mune bregda uit :a nockurnn
³⁰ hatt." Hacon iarll suarar: "Ecki siaum uær þier hafa
brug(d)it, enn þo synizt oss þier allmiog hafa brugdit."

Nu er leiddur hinn .íííj. madur ur streingnum miog
sær, og uar snuen uöndur i har honum. Þorkell spyr

---

¹ Skapti *hds.*   ² tᵗ *hds.*

nu, huer(n) ueg hann hygdi til dauda; hann suarar: "Þat
mun mier uerda sem minum fódur, at eg mun deyia."
Þorkell hòggur þenna mann, og lauk so hans æfi.

Þa uar leiddur hinn .v. madur til hògs ur streingnum.
Þorkell spyr, huernninn hann hygdi til dauda sins; hann ⁵
seger: "Eigi man eg glògt lòg uor Iomsuikinga, ef ek
¹⁶⁷ mæli nockut ædru, eda eg kuidi uit bana minum, þui at
eit sinn skal huer madur deyia." Þorkell hio nu þenna
mann, og let hann so lif sitt.

Nu mællti Hacon iarll, at Þorkell skylldi spyria huernn ¹⁰
mann, adur drepenn uæri, huern ueg huerium brygdi uit
dauda sinn; og þicker þeim þa eigi aukit fra hraust-leik
þeirra, ef þeir mæla ecki ædru-ord, þar sem þeir sia firer
dauda sinn; enn i ódru lagi þotte þeim mikit gamann at
heyra ord þeirra, huat sem upp kæmi, at þeir hrædizt ¹⁵
bana sinn eda eigi.

LIII.

Þa uar leiddur ur streingnum hinn .vj. madur, og snuinn
uòndur i har honum. Þorkell spyr þa: "Huernninn hyggr
þu til at deyia?" Hann suarar: "Gott hygg eg til þess,
og þicke mier gott at deyia uit godan ordstir; enn þier ²⁰
mun skaum at lifi þinu, firer þui at þu munt uit klæki
ein lifa, medan þu lifer." Eigi hugnadizt Þorkeli ord
þessa mannz, og lætur hann skamt at bida, og hoggur
hann þenna mann bana-hogg og uilldi eigi leingur bida
tals hans.   ²⁵

Epter þetta uar leystur ur streingnum enn uíj. madur
og leiddur til hògs. Þorkell spyr, huersu hann hygdi til
daudans. "Eg hygg allgott til at deyia," seger hann, "og
þicki mier nu munu uel til bera; enn þat uillda eg, at þu
¹⁶⁸ hiugger sem skiotaz af mier hofudit, þuiat þat hofum ³⁰
uier rætt, Iomsuikingar, huort madurinn mundi uita, ef
sem skiotazt uæri af honum hoguit hofudit.   Enn eg
helld hier a tygil-knifi, og skal þat til marks uera, at
eg mun uisa fram at þier knifinum, ef eg ueit nockut

fra mier, ella mun hann falla ur hendi mier; enda lattu
þetta eigi at skorta, attu hôgg sem skiotazt af mier
hofudit, so at þetta megi reynt uerda firer þa sauk, og
haf þetta til merkis." Nu hôggur Þorkell þenna mann [1],
5 so at þegar fauk hôfudit af bukinum; og er þat fra sagt,
at þegar fell knifurenn ur hendi honum, sem uon uar at.
    Sidann uar leystur enn .vííj. madur ur streingnum.
Þorkell spyr þenna mann, hue gott hann hygdi til daudans;
hann suarar: "Allgott hygg eg til bana mihs," seger hann.
10 Þa uar snaradur uôndur i har hans, og er so uar giort,
mællti hann: "Hrut, hrut!" sagdi hann. Þorkell spyr:
"Þui uerdur þier þetta ın munne?" Hann suarar: "Þui
at þier munut eigi hafa of skipat til annna þeirra i giær,
er þier nefndut, iarlsmennerner, þa er þier fengut sarinn."
15 Þa geingur Einrikur at og mællti: "Uilltu grid, godur
dreingur?" Hann seger: "Rædur þu þui, eda huer bydur?"
— "Sa bydur, er uald [65 a] hefer til," seger Eirikur,
"Eirikur iarls-son," seger hann. "Uil eg þa grid," seger
hinn. Eirikur tok þenna mann til sin og seger hann uera 169
20 mundu godan dreing.

LIV.

Nu er leystur ur streingnum enn .íx. madur og leiddur
til hôgs. Þorkell spyr: "Huat er sannazt i þui, huersu
þu hyggur til at lata lifit?" — "Gott hygg eg til at
deyia," seger hann; "enn þat uil eg, attu ueiter mier, at
25 eg se eigi so til hogs leiddur, sem saudur; uil eg sitia
firer kyrr, enn þu hôgguer framann i andlit mier, og
hygg at uandliga, huort eg blundskaka eda blauskra eg
nockut uit, þuiat uier Iomsuikingar hofum þar optt um
rætt, at uier skyllddum ecki bregda oss uit þat." Þorkell
30 ueitte honum þat og geingur at honum framann, — og sat
hann firer, — og hôggur i andlit honum; og sau menn hann
ecki blauskra, og bra hann sier ıa aunguann ueg uit,

---

[1] *Öfver raden.*

nema þa er daudi for æ augu honum, sem opt kann
uerda, þa er madur andazt.

Þa er leystur ur streingnum hinn .x. madur. Þorkell
spyr enn þenna mann, huersu hann hygdi til dauda; hann
sagdiz gott til hyggia og mællti sidan: 5

>   "Giorda eg iarlli
>   æ [1] at uori,
>   þat uar mier þa titt,
>   enn þetta nu,"

og hlo uit; hogg nu, hogg nu i stad!" Eirikur mællti [10]
til hans: "Uilltu grid, godur dreingur?" — "Ia! herra,"
[170] seger hann. Eirikur tok þa þenna mann i flock til sin.
Þa uar leiddur inn .xí. madur ur streingnum, og
spyr Þorkell, huersu hann hygdi til at lata lifit. Hann
segizt gott til hyggia; "en þat uil eg, attu gefer mier [15]
tomstund til at ausa bat minn." Þesse madur uar uænn
at ja-liti og mikill uexti; og er hann hafdi þat giort, þa
mællti hann, og hafdi eigi kipt upp um sig lin-brokunum,
og hellt hann æ lags-manne sinum: "Þat er þo satt at
segia, at margt uerdur ja annann ueg, enn madur hefur [20]
ætlat; þui at þat hafda eg hugat, at þesse minn lags-
-madur skylldi nær koma Þóru Skaga-dottur, konu iarls,
og uilldi [2] hun hann hafa og reyna og i reckiu hafa," og
hrister hann uit; sidann kipper hann upp um sig lin-
-brokunum. Þa mællti Hacon iarll: "Drepit þenna mann [25]
sem skiotaz, þuiat leinge hefer hann illt hugat, ef hann
mætti þui fram koma." Þorkell hòggur nu hofud af
þessum manne, og lauk so hans æfi.

LV.

Þa uar leystur enn .xíj. madur ur streingnum; þesse
madur uar fullkomliga fridur og ungur at sia; hann [30]
hafdi mikit har og gult sem silki, og lagu lockarner ja

---

[1] Så; riktigare väl aur (jfr Fagrskinna 51[21]).   [2] uilldu hds.

herdum honum nidre. Þorkell spyr, huersu hann hygdi
til dauda; hann sagdizt gott til hugsa, "og hefi eg lifat
allt hid frægzta, og þeir hafa nu latit lifit firer skômmo, ¹⁷¹
[er mier þicker ecki betra at lifa enn deyia, og eiga eigi
⁵ meira kosti, enn nu ᴁ eg ¹. Enn þo uil eg, attu ueiter
mier þat, at eigi leidi þrælar mig til hôgs, og eigi se þat
uerri dreingur enn þu, — enda er litit firer þui, at sa mun
auduelldliga fazt, — og halldi hann hari minu og hnycki
hoídinu af bolnum, so at eigi uerdi blodugt harit, þuiat
¹⁰ eg hefi leingi uandlatur uerit um þat; enn þu hogg sem
skiotaz af mier hofudit." Þat er sagt, at eirn hirdmadur
iarls uerdur til þess at leıda þenna inn unga mann til
hôgs og þickizt eigi þurfa at snua uônd i har hans, og
tekur hann i harit og uefur þui um hendur sier, og
¹⁵ helldur honum so under hôggit; en Þorkell reider [65 b]
at suerdit hartt og ætlar at ueita þessum manni skada.
Þessi ungi mann kippizt uit skiott, er hann heyrer huininn
af hôgginu, og uizt hann undann, enn hnycker hird-
mannenum under hôggit, þeim er ᴁ hiellt harinu, og
²⁰ hoggur Þorkell af honum badar hendurnar i ôlbogonum.
Þessi ² hinn ungi madur stendur upp og hrister hofudit
og bregdur ᴁ gamann og mællti: "Huer ᴁ sueina hendur
i hari mier?" seiger hann, "og halldi þier leingi ᴁ rysking-
unum, iarls-mennirner." Hacon ıarll mællti þa ³: "Þetta
²⁵ eru storar ofarer," seger hann, "og taki þenna mann sem
skiotazt og drepit, og hefer hann þo mycklum slysum ᴁ ¹⁷²
oss komit; og þat uil eg," seger iarll, "at nu se aller
sem skiotazt drepner, þeir er epter lifa; og eru þeir
menn myklu hardfeingri og uerri uidur-eignar, enn uier
³⁰ faum uit þeim sed, og er eigi of sagt fra þessum monnum,
bædi garpskap þeirra og hreysti." Eirikur tok þa til orda
og mællti: "Uita uilium uier, fader! huerier mennirner
eru, adur enn þeir se drepner. — Huersu heiter þu, enn
ungi madur," seger Eirikur. "Sueinn heite eg," seger
³⁵ hann. Eirikur spyr: "Huers son ertu, eda huert er kyn

---

¹ [Oredıgt; jfr Flat. I, 199. ² sıa tıll. hds. ³ a under raden.

þitt?" Sueinn seger: "Bui het fader minn og uar Ueseta
son ur Borgundar-holme, og em eg danzkur at ætt."
Eirikur seger: "Meire uon er, at eigi se logit til fadernis
þins; eda uilltu þiggia grid?" Sueinn seger: "Huer mun
annar uænne?" Eirikur seger: "Huersu gamall madur ₅
ertu?" Sueinn seger: "Sia er mier enn .xvííj. uetur, ef
eg life þennann allanu." Eirikur seger: "Enn þu skallt
lifa, ef eg ma rada;" og tekur Suein nu i frid og lætur
hann fara i sueit sinna manna.

Þa mællti Þorkell leira: "Skulu þesser menn aller ₁₀
grid hafa, er frændur uora og uiue hafa drepit firer
augum os? ecki nyt giorum uier at þui hier." Þa mællti
Eirikur: "Uisser þu þat eigi fyr enn nu, at eg er rikare
₁₇₃ enn þu?" Þa mællti Hacon iarll: "Huar til ætllar þu um
grid uit þessa menn, Eirikur! ef þu lætur þenna mann ₁₅
undann ganga, er os hefer slika skòm giort og uier hofum
uest af hlotit; enn eigi mun eg beriazt uit þig til mannz
þessa, og muntu uerda at rada at sinne." Nu mællti
Hacon iarll uit Þorkel leiru, at hann skylldi skiott hoggua
mennina, "enn (eigi fyr enn) ¹ eg hefi adur haft ord uit ₂₀
þa, þuiat eg uil uita, huerer þeir se, er epter lifa."

LVI.

A þesse stundu er leystur ur streingnum enn .xííj. madur,
og hefer streingurinn brugdizt um fot honum, so at hann ²
uar fastur nockut. Þesse madur uar ungur og allmikill
uexti og allra manna uænstur og af-burdar-fræknligur. ₂₅
Þorkell spyr þenna mann: "Huernu ueg hyggur þu til at
deyia?" — "Gott hygg eg til at deyia," seger hann, "ef eg
gæti adur efnt heit-streinging mina." Þa mællti Eirikur:
"Huert er nafnn þitt?" Uagn suarar: "Uagn heiti eg at
nafnni, og em eg Aka son, Palnatoka sonar." — "Huers ₃₀
streingder þu heit, Uagn?" seger Eirikur. "Þess streingda

---

¹ *Insatt med ledning af AM 291, 4:to och Flat.*   ² *Öfver
raden.*

eg heit," seger Uagn, "ef eg kæma i Noreg, at eg skyllda
koma i reckiu Ingebia(r)gar, dottur Þorkels leiru, an hans
uilia og rads og allra hennar frænda, enn drepa Þorkel
sialfann; og þicke mier þat hellzt at, ef eg læt fyrre
5 lifit, enn eg hefi þui fram komit." — "Ek skal at þui 174
giora," [66 a] seger Þorkell, "at þu skallt alldre þui fram
koma, er þu hefer heitstreingt þar um," og for æsiliga at
honum framann og hoggur tueim höndum til Uagns, og
uill hann drepa hann. Uagn hleypur i streingin og feller
10 sig fram firer fætur Þorkeli, enn blodugt uar allt firer
streingnum og uar miog halt, enn Þorkell höggur yfer
Uagn fram, og kemur suerdit :a streinginu og bitur i
sundur, og uard þa Uagn laus. Þorkell steyptizt uit
hoggit, er hann miste mannzins, og fellur hann, og hrytur
15 suerdit ur hendi honum; enn Uagn liggur eigi leingi fra
þui, er hann uar laus ordin, sprettur upp skiott og gripur
suerdit, þat er Þorkell hafdi haft. Þa hefur Uagn upp
suerdit og reider ad hartt med myklu afli og hoggur
Þorkel leiru um þuerar herdarnar og sneid hann so [1] i
20 sundur i .ij. hluti, og nam suerdit stadar i iordunne, og
lætur Þorkell leira so lif sitt Þa mællti Uagn: "Nu hefi [2]
eg efnt halfa heitstreinging mina og hefnt nockurra minna
manna [3], og er nu þegar betra at deyia enn adur." Þa
mællti Hacon iarll: "Lati þier þenna mann eigi leinge
25 leika lausan uit, og takit hann og drepit sem skiotazt,
firer þui at hann hefer oss mikin mannskada giort." Þa
suarar Eirikur: "Eigi skal hann fyr drepenn enn eg i 175
þessu sinne, og uil eg hann undann þiggia, og skal eigi
drepa so :n-gætann hofdingia, sem Uagn er." Þa mællti
30 Hacon iarll: "Eigi þurfum uær nu til at hlutazt, þuiat
einn uilltu nu rada, frændi!" seger iarll. Þa seger Eirikur:
"Uagn er madur :a-gætur, og mun uarlla finnazt hans
iafnningi; en þessa uar Þorkeli uön, sem nu hlaut hann;
og spa er spaks geta, og sattu sialfur :a honum feigdina

---

[1] Öfver raden.   [2] Harefter ef utplånadt.   [3] I marginalen
7

i dag þegar." Nu tekur hann Uagn i sueit med sier, og
er honum nu uit öngu hætt.

Þa mællti Uagn: "Ecki uil ek þiggia lif at þier,
Eirikur! nema þeim ollum se grid gefinn minum monnum,
er epter lifa, eda ella munu uier aller eina för fara." [5]
Eirikur suarar: "Eg uil enn ord hafa uit þa menn, er
epter eru; enn þo tek eg [1] ecki firer þat, er þu bidur."
Eirikur geingur þar at, er sat Biornn enn brezke; Eirikur
spyr hann at nafni. "Biornn heiti eg." seger hann. Eirikur
mællti: "Ertu sa Biornn, er bezt sotti epter manni þinum [10]
i holl Sueins kongs?" — "Eigi ueit eg þat," seger Biornn,
"huort eg sotta bezt epter honum, enn burt kom ek þadan
mannenum." — "Huat skylldadi þig til þessarar ferdar,
gamlann mann og sköllottann og huitann sem hnioskara [2]?
[176]Og er þat sannazt at segia, at oll stra uilia os stanga [15]
Nordmennina; eda uilltu þiggia grid at mier — þott þier
se eigi ueglegt at lifa — þuiat mier þicker eigi ueganda
at þier, so gömlum manne?" Biornn suarar: "Þiggia uil
eg lif, ef fostre minn Uagn þiggur lif." — "Hann skal
þiggia lif," (seger Eirikur,) "ef eg ma rada; enn eg skal [20]
rada." Þa geingur Eirikur firer födur sinn og seger, at hann
uill, at aller Iomsuikingar þiggi grid, þeir er þa eru :a lifi;
og þa seger Hacon iarll, at so skal uera, sem Eirikur uill.

LVII.

Nu þiggur Uagn grid og lif med ollum sinum monnum,
og uoru þa grid sett i millum Haconar iarls og Ioms- [25]
uikinga, og þeim ueittar trygder. Nu er so sagt, at
Hacon iarll skipar so til, at Biornn enn brezke skal fara
til bus þess, er att hafdi Hallsteinn kerlinga-bane. Þat
er sagt, at .uj. lender [66 b] menn höfdu fallit i bardaga
þessum af Haconi iarlli; enn .íj. uoru drepner epter [30]
bardagann: Gudbrandur huite og Þorkell leira.

———

[1] Under raden. [2] Så; hnio- f. nio- f. mỏ (= má-)? Jfr AM.
291, 4:to maskara (= máskára), pappershandskrifterna rutta till
'snioskara'

Þat er sagt, at Uagn fer med Eirike iarls-syne i 177
Uik austur og duelzt med honum um hrid. Enn er Uagn
kemur i Uikina, geck hann þann sama aptann i sæng
Ingebiargar, dottur Þorkels leiru, og er Uagn þar um
5 ueturinn; enn er uoradi, byr Uagn skip sin. Þat er sagt,
at Eirikur gaf honum .íij. langskip uel buenn, og skiliazt
þeir goder uiner. Uagn lætur i haf og sigller [1], þar til
er hann kemur i Danmork heim at Fion til bua sinna,
og ried Uagn þar firer leinge sidann; hann flutti Inge-
10 biorgu burtt ur Uikinne og feck hennar sidann. Uagn
uar inn meste höfdingi um flesta hluti og a-gætur af-
-burdar-madur um alla stor-meunzku; uar hann og um
fram adra menn um alla rausn, og er margt stormenne
fra honum komit. Uagn ried firer at Fione, at medann
15 hann lifdi, og hefer einge hans iafnningi fæddur uerit i 178
allri Danmork at öllum i-þrottum og at-giorfui.

Biorn hinn brezke for heim til Bretlandz um uorit
og ried þar firer, medann haun lifdi, og þotti mikill
frægdar-madur og enn hraustasti. Ecki er hier fra sagt,
20 huat Sueinn Bua-son lagdi firer sig, sidann hann kom i
Danmork.

LVIII.

Þat er at segia fra Siguallda, þa er hann flydi ur
bardaganum, at hann nam eigi fyr stadar, enn hann
kom til Danmerkur, og for hann at Sio-land til fodur-
25 -leifdar sinnar, og uar þar firer Astridur, kona hans.
Enn þegar hun spurdi kuomo Siguallda, bonda sins, giordi
hun ueizlu i moti honum. Þat uar haft til skemtanar at
ueizlum, at þeir Sigualldi og menn hans sögdu fra oruztum
at Hiorunga-uogi; sagdi þat huer, er sed hafdi og heyrt.
30 Þess er uit getit, at Astridur, kona Siguallda, uar kat, er
hann uar heim kominn, og lætur hun giora laug og
mællti sidan, at Sigualldi skylldi fara at lauga sig; "og

---

[1] *I marginalen.*

¹⁷⁹ueit eg," seger Astridur, "at so laung leid er ur Noregi
og hingat, at nu mun mal at fæia sar sın, þau er þu
feckt i bardaganum." Sigualldi fer nu i laugina, og
þionar Astridur honum sialf, og strauk hun hann; og er
hann sat i lauginni, þa mællti hun: "Att munu nockurir ⁵
Iomsuikingar hafa bolottara ¹ bukenn, en þu, og þiki
mier þesse belgur best tıl felldur at hirda i hueite."
Sigualldi suarar: "Þat mætti enn þa uerda minnar æfi,
attu ætter eigi þessum sigri at hrosa, og hygg þu þa at
þui, huort þier liki þa betur." Nu er ecki fleira sagt fra ¹⁰
uid-tali þeirra. Sigualldi ried þar firer nockura hrid;
hann uar mikill höfdingi og þotti uera uitur madur og
eigi þar allur, sem hann uar sienn; og er hans uida uit
getid i ödrum fra-sögnum. Son hans het Gyrdur og uar
uikíngur mikill.   ¹⁵

Sigurdur kapa for til Danmerkur og tok uit födur-
-leifd sinne epter Ueseta, födur sinn, i Borgundar-holme,
og ried hann þar firer langa æfi og þotti uera rauskur ²
madur; og er margt manna fra honum komit og þeim
Tofu, og uoru godar samfarer þeırra. Þorkell hinn hafi ²⁰
þotti bædi uitur madur og hardfeingur; reyndızt þat i
morgum hlutum. [67 a]

LIX.

Þat segia sumer menn, at Iomsuikingar hafi barizt uit
þa fedga .ííj. daga m Hiorunga-uogi; þeir seigia med
þeirre grein, at hin fyrsta dag geck þeim Iomsuikingum ²⁵
myklu betur oruztann, og fiell þa fioldi af Nordmonnum
enn fatt af Iomsuikingum, og so annann dag, þar til er
söl uar i midiu sudri; og þa hafi þeir fedgar fluit til
landz med ollu lidi sinu, og þa hafi Hacon iarll blotat,
so sem fyr uar sagt; og epter þat kom ed mikla iel og ³⁰
uedur, er fyr uar fra sagt, og þa flydi Sigualldi med
sinum monnum; enn hinn .ííj. dag, þa hafi þeir fedgar

---

¹ Så; mɑɡl. skrıffel f. holottara?   ² Otydlıgt.

barizt uit Uagn Aka-son.   Enn þat er sannleikur, at
þesse oruzta, er Iomsuikingar borduzt :u Hiorunga-uogi,
hefer mest og horduzt uerit :u Nordur-londum at allra
manna sogn, þeirra er til uissu.

LX.

⁵Þat er sagt, at Hacon iarll ugger nu ecki at sier; tok¹⁸⁰
hann þa at hardna miog uit lydin, bædi firer metnadar
saker og fe-girnne, og ueiter margar þraungingar landz-
-folkinu bædi rikum og orikum, so at marger kólludu hann
þa Hacon illa.   Hacon iarll ried einn uetur firer Noregi,
¹⁰sidann hann bardizt uit Iomsuikinga :u Hiorunga-uogi.
Uar hann drepenn epter þesse tidinde med þeim atburd,
at Karkur, þræll hans, skar hann :u hals, og lauk so
hans æfi.

Þat er sagt, at Einar skala-glam for til Islandz, og
¹⁵urdu þau hans æfi-lok, at hann druknadi :u Breida-firdi,
og heita þar sidann Skal-eyiar, þuiat þar rak skaler hans,
og flutti fyrst :u land Þordur aurfhónd ¹; hafdi hann latit¹⁸¹
hægri hond sina i bardaganum; hann for ut til Islandz
til fódur sins, og bio Þordur i Alvidru epter fódur sinn,
²⁰og er ² margt manna fra honum komit.   Uigfus Uiga-
-Glums-son for og til Islandz og sagdi þar fyrstur manna
þesse tidindi til Islandz.   Og lykur hier nu Iomsuikinga-
-sógu.

Geyme Gud þann, er ritadi og sagdi, og alla þa, er
²⁵hlyddu :u, utan enda!   Amen.

---

¹ aurfhónd² hds. — Skrifvaren har ² den foregående berattelsen
tydligen missförstått sitt original, jfr Flat. I, 203.   ² Under raden.

Öfversigt

af de ställen inom fornliteraturen, der de i ofvanstående text förekommande visor återfinnas.

Obs. Visorna 82⁴—²⁰ samt 83⁸—86² här ofvan förekomma endast i AM. 510, 4:to.

(Citaten äro gjorda efter sidotal i följande upplagor: för AM. 291, 4:to: Fms. XI; för Flateyjarbók. Kristianiaupplagan I; for Cod. Holm. membr. 7, 4:to: Cederschiolds upplaga; för Fagrskinna och Heimskringla: Kristianiaupplagorna; for den större sagan om Olof Tryggvesson: Fms. I.)

AM 510	AM 291	Flat.	Holm. 7.	Fagrsk.	Helmskr.	Ol. Tr.	
69²³—70²	—	—	—	48	155	165 ¹)	²)
70⁴—¹¹	—	—	—	48	156	167 ¹)	
72⁹—¹⁶	127	188	—	—	—	—	³)
72²³—³⁰	128	188	27	—	—	—	⁴)
73³⁰—74⁶	130	189	28	49	—	—	
74¹⁰—¹⁷	—	189	28	49	—	—	
81³³—82⁶	—	—	—	—	157	173⁵)	⁶)
82¹⁷—²⁴	—	—	—	—	157 ⁷)	173 ⁷)	
82³⁰—83⁸	—	—	—	—	160	183⁸)	
86¹⁷—²⁴	141	194	30	—	—	—	
87²⁴—³¹	—	—	—	51	—	—	
89²⁴—³¹	144	195	31	53	—	—	
94⁶—⁹	—	—	—	51	—	—	

¹ Visan finnes ej i AM. 53 fol., som här är defekt. ² Forsta halfstrofen förekommer afven i Snorra Edda (Ed. AM. I, 466). ³ Visan finnes afven i Egils saga (Ed. AM. s. 694), dock icke i de handskrifter, som i inledningen till Arne-Magn. upplagan benamnas "Jorundini" och "Holani". ⁴ Visan finnes afven i Egils saga (Ed. AM. s. 696), dock icke i Codd. Holani. ⁵ AM. 53 fol. (här icke defekt) utelemnar denna visa. ⁶ Senare halfstrofen finnes afven i Snorra Edda (Ed. AM. 1, 422). ⁷ Endast senare halfstrofen. — AM. 53 fol. (här icke defekt) utelemnar denna visa. ⁸ AM. 53 fol. (här icke defekt) utelemnar denna visa.

JÓMSVÍKINGA DRÁPA.

Joms vijkinga dɹɑpa. [1]

1 Avngan qveþ ec at oði oɪvm malma ryri þo gat ec hrodː
    vm hvgþan hliodf

at ferþar p..ði [2] : fraм mvn ek fyrir avlldvm yɔiar bɪ·ː
    vm færa þo at

3 einigɪr ytar ættgoþɪr [3] mer [4] hlyþi [5] Hendir eʍ fem aðːa
    vteitaʍ mik fvtar mer

hefɪr harм ahendi ha..f.vgvr [6] kona bvndit : þo eʍ ek
    oð at avka ærit

giarn at hvarv mioc eʍ ec at mer oɪþinn vgæfr [7] vm favr

4 vifa Dreng var

datt vm fvaʍra doɪgar [8] vangf firir longo þvi hefɪr off
    vm vɴga elldɪeið fkapi

halldɪt : þo hefi ec oɪt vm itra allfatt miaþar þellv vel famɪr
    eɴ vm eina [8]

2 Vaːkat ek f....[9] vnd foɪfvm foɪ ek alldɪi at gavlldrvm [10]
    ‖ avlfelio mer þy.ia

hefka [11] ec [12] ....ag..[13]. oɪð [14] i geg.[15] avllvngɪf
    naʍ ec eiɡɪ yggiar feng vnd hanga þo [16] ....f[17]

Str. 1—40 aro diplomatariskt aftryckta efter Cod. reg. Havn. 2367,
4 to, sidd. 105¹⁹—107³⁶. De följande stroferna aro hemtade ur Cod.
AM. 61 fol. — Siffror i marginalen hanvisa till motsvarande strof ɪ
den normaliserade texten. — I aftrycket af str. 1—40 motsvara 2 rader
hvarje handskriftsrad.

[1] Öfverskriften med en mycket senare hand. [2] p ɛɟ fullt säkert;
framfor ð skymtas ofre delen af ett y [3] Forkortningstecknet otydligt
[4] Mycket otydligt, i synnerhet m [5] Ett kors utmarker har, att något
ar uteglomdt; jfr not. 10. [6] Forst tyckes hafva skrifvits harm-, som
andrats (till hand-?); af det forsta v synes blott ofre delen. [7] r ovan-
ligt formadt; ändradt fr. n? [8] Strofens slutord stå ɪ slutet af nasta
handskriftsrad. [9] f...ɪ? [10] Härefter ett kors; jfr not. 5. [11] Det åter-
stående af handskriftssidan med mycket finare stil och delvis utplånadt
[12] Jag har harefter tyckt mig skymta reið a..r (mycket osakert)
[13] ragnʳ? [14] ɪoɪd? [15] gɛgnᵐ?? [16] þa? [17] fᵚ? — Under raden till
hoger har jag tyckt mig otydligt skymta at..y.fleinftriþɪr mer oþar

Jómsvíkinga drápa.

1.

Øngan kveð'k at óði
órum málma-rýri,
(þó gat'k hróðr of hugðan)
hljóðs (at ferðar prýði*);
fram muu ek fyr öldum
Yggjar-bjór of fœra,
þótt einigir ýtar
ættgóðir mér hlýði.

2 [4].

Vaska'k fróðr* und forsum,
fór'k aldregi at gòldrum,
— — — * — — —
— — — — — —
òllungis nam'k eigi
Yggjar-feng und hanga,
— — — — — —
— — — — — —

3 [2].

Hendir enn sem aðra
óteitan mik sútar,
mér hefr harm á hendi
handfógr* kona bundit;
þó em'k óð at auka
œrit gjarn at hváru,
mjok em'k at mér orðinn
ógæfr of för vífa.

4 [3].

Dreng vas dátt of svarra
(dorgar-vangs) fyr löngu
(því hefr oss of unga
eldreið skapi haldit);
þó hef'k ort of ítra
allfátt mjaðar-þellu,
vel samir enn of eina
ölselju mér þylja.

---

*Noterna under den normaliserade texten innehålla dels varianter ur handskrifterna af den storre sagan om Olof Tryggvesson (Fms. I— III) = O (O*a* = Cod. AM. 61 fol., O*b* = Cod. AM. 54 fol., O*c* = Cod. AM 53 fol., O*h* = Cod. Holm. membr. 1 fol.); dels uppgift på de stallen, der de textandringar, som ej harrora från utgifvaren, forsta gången forekomma; dels af utgifvaren kunda forslagsmeningar, som ej i texten upptagits, (hvarvid det stalle anfores, der ifrågavarande konjektur forsta gången finnes framstald).*

* *i texten påpekar, att det foreg. ordet beror på gissning eller rattelse, eller att detsummas läsning ej ar säker.*

† *i texten utmarker, att det foreg. ordet ar upptaget ur annan handskrift un A.*

1² órum] orum *Fms.* XI 1⁴ prýði *Lex. poet. sid. 639]* smíði *Fms.* XII 2¹ fróðr *G. Vigfusson]* firri *Fms.* XI 3⁴ handfogr *Fms.* XII] harðla fogr *Fms.* XI 4² oss um] ossu in *Fms.* XII

5 . . . . .¹ aɴat þarf at yrkia

allſtoɪvm mvn fleira :

. . . . greppr vm ſnerto þat bervm vpp

firɪr yta ohlioð ſǫgv qv.þi

6 S² . . . . gv v ² ſitia ſeima gvðɪ at iomi favgr rænɪr mic

flavmi .v. havſp.ngia

ſnemma : vel ſamɪr viſt at telia viɴvr ⁴ hreyſti manna

þar er vm malmþingſ meiða merkilɪga at yrkia

7 Hvervitna fra ec heyia harald bardaga ſtoɪa þeɪr rvðv

bitra branda bavðgiarnaztɪr niðiar :

ſia knattv þar ſiþan ſiðfoɪnɪr glym iarna þotti þeim at

efla þavrf veſeta arfa

8 Geta ſkal hinſ hverr hvatra havſþingi var dɪengia ſa gat

ſigrɪ at hroſa ſniallaztr at

gioɪvollv hverr var hoti miɴi hreyſti maðr at fleſtv helldɪ

iherði ravnvm havklyndvm ſyni aka

9 Sigvalldi het ſeoia ſnarfengra havſþingi ok reð þar ſɪrɪr

þegnvm þoɪkell liþi ſniollv : bvi var at

hveriom hialldrɪ hardɪaðɪ með ſigvrði fragvm vagn at væri

víſt ofr hvgi eɴ meſti

10 Helldv dɪeyrgra daʀa danmarkar til ſterkir þeim gaſz

ravſn ok riki rioðendɪ ſkipvm ſinvm : ok avð

bɪotar erfi ognrackaztɪr dɪvckv þeim fra ek ymſvm avkaz

annɪr ſeðɪa ſiɴa

---

¹ *Har borjar sid. 106 i A. — Hörnet af bladet ar bortrifvet, så att de tre forsta raderna på sidan äro stympade.*

² *Strofens begynnelsebokstaf står har och ofver allt i det foljande ett stycke ute i marginalen. — Efter S skymtas forsta stafven af en bokstaf (v?).*

³ *Så.*

⁴ *Skrifvet viɴ⁰ (enl. A s skrifbruk icke — viɴar).*

5 [4].

— — — — — —

— — — — — —

annat þarf at yrkja
allstórum mun fleira;

— — — — — —

orti* greppr of snertu
(þat berum upp fyr ýta)
óhljóð (sögu-kvæði).

6 [5].

Suðr* frágu* vér* sitja
(seima-Guðr) at Jómi
(fögr rænir mik flaumi)
fimm höfðingja snemma;
vel samir víst at telja
vinnur hreystimanna,
þar's of málmþings-meiða
merkiliga at yrkja.

7 [6].

Hvervitna frá'k heyja
Harald bardaga stóra,
þeir ruðu bitra branda
böðgjarnastir niðjar;
sjá knáttu þar síðan
siðfornir glym járna,
þótti þeim at efla
þörf Véseta arfa.

8 [7].

Geta skal hins, hverr hvatra
höfðingi vas drengja,
sá gat sigri at hrósa
snjallastr at gørvöllu;
hverr vas hóti minni
hreystimaðr at flestu
heldr í herðiraunum
hauklyndum syni Áka.

9 [8].

Sigvaldi hét seggja
snarfengra höfðingi,
ok réð þar fyr þegna*
Þórkell liði snjöllu;
Búi vas at hverjum hjaldri
harðráðr með Sigurði,
frágum Vagn at væri
víst ofrhugi enn mesti.

10 [9].

Heldu dreyrgra darra
Danmarkar til sterkir
(þeim gafsk rausn ok ríki)
rjóðendr skipum síðan';
ok auðbrotar erfi
ógnrakkastir drukku
(þeim frá'k ýmsum aukask
annir) feðra sinna.

6¹ Suðr *G. Vigfusson*] Svinn *Sh I. XI* — frágu vér *Fms. XII.*

10¹ sterkir] styrkir *Oᵃᵇʰ* 10² gafsk] gaf *Oʰ* 10⁴ síðan *Oᵃᵇʰ, Sh I XI* 10⁴ auðbrotar] orbrjótar *Oʰ* 10⁶ ógnrakkastir] ógnrakkir þar *Oᵃᵇʰ* 10⁷ ýmsum] ýmsar *Oᵇʰ* (*Str. 10 fattas i Oᶜ.*)

11 Eɴ villdv þa einkvm avlldvr ¹ menn at fkylldo flikt erv
yrkif efni agæta ser leita :
ok havkligar hefia heit ftrengingar tokv eigi fegik at yta
avlteiti var litil

12 Heit ftrenging fra ec hefia heiptmilldan figvallda bvi var
avʀ at efla oʒækinn þrek fli
kan : hetvʒ þeir af havþri hakvn reka fikiom grim var
frægra fyrþa fion eþa lifi ræna

13 Bvi letz baʀ at fylgia bavðmilldvm figvallda til hioʒþrymv
harðiar hvgprvþr vera
fiþan : hafa qvaz havarþ vilia hrannabʒiotr at gvni ser
qvaþ hann eigi illa aflak ifaʳr lika

14 Vagn qvaþ hitt en hravfti hamþif gvnar tomdvm fa letz
frækn at fylgia falldʒvðʒ bva
fkylldv : þa reð heit til hvitrar hrigameiðʒ ³ at ftrengia
mer kemr harmr at hendi hættr ³

15 Ein dʒepr firir mer allri vtravðʒ alavg fkeiðvm avʀ þengill
bað yta itr maɴz konan ‖ þoʒketilf dottvr
teiti : goðætt of kemr grimmv geck herr afkip darra hiɴ
er kvni gny giorva ⁴ gæþingf ⁵

16 Sagt var at fvɴan helldv fnyrtimenn vm hrannir kalldʒ
dʒeif marr ameiða moʒð ⁋ at mer ftriþi
balf fkipaftoli : lomdv helldir hvfar hrið kaɴaði lyði ⁶
gnvði fvalr afyio fiar ifvgar barvr

---

¹ *Skrifvet* avlld° (*enl. A:s skrifbruk icke* — avlldar).
² *Så.*
³ *De tre sista bokstäfverna oredigt skrifna.* — *Strofens slutord stå i slutet af nästa handskriftsrad.*
⁴ *Skrifvet* gīva (*icke* gm̄a, *som utg. af Fms. XI tyckes hafva läst*).
⁵ *Strofens slutord stå i slutet af nästa handskriftsrad.*
⁶ *Så, icke* lydʒ

11 [10].

Enn vildu þá einkum
öldurmeun at skyldu
(slíkt eru yrkis-efni)
ágæta sér leita;
ok haukligar hefja
heitstrengingar gátu',
eigi segi'k, at ýta
ölteiti vas lítil.

12 [4].

Heitstrenging frá'k hefja
heiptmildan Sigvalda,
Búi vas örr at efla
órækinn þrek slíkan;
hétusk þeir af hauðri
Hákun reka fíkjum
(grimm vas frægra fyrða
fjón) eða lífi ræna.

13 [12].

Búi lézk barr at fylgja
bölmildum Sigvalda
til hjörþrymu harðrar
hugprúðr vesa síðan;
hafa kvazk Hávarð vilja
hranna-brjótr at gunni,
sér kvað hann eigi illa
Áslák í för líka.

14 [13].

Vagn kvað hitt enn hrausti,
Hamdis gunnar-tömdum
sá lézk frækn at fylgja
faldruðr* Búa skyldu;
þá réd heit til hvítrar
hringa-meiðr* at strengja
(mér kømr harmr at hendi
hættr) Þórketils dóttur.

15 [14].

Ein drepr fyr mér allri,
ótrauðr á lög skeiðum
örr þengill bað ýta,
ítrmanns-konan teiti;
góð ætt of kømr grimmu,
gekk herr á skip, darra
hinn's kunni gný gørva,
gœðings at mér stríði.

16 [15].

Sagt vas, at sunnan heldu
snyrtimenn of hrannir
(kaldr dreif marr á meiða
morðbáls) skipa-stóli;
lómðu héldir húfar
(hríð kannaði lýði)
[gnúði svalr á sýju
sær] ísugar bárur.

11¹ einkum] 'ongv' O^b 'ongua' O^h   11² skyldu] skuldum O^bh
11⁴ ágæta sér] ágætis sér (icke síns) O^ahh   11⁵ haukligar] haukligast
O^a haukliga O^hh   11⁶ gátu O^abh, ShI. XI   11⁷ segi'k at] frá ek æðri
(icke orð) O^a frá ek at O^bh (Str. 11 fattas i O^c.)   12³ efla] auka O^abh
12⁴ órækinn] 'vrikin' O^h — þrek] styr O^a   12⁷ grimm] gram O^a —
frægra] frœknra O^a frœkna O^bh (Str. 11 fattas i O^c.)   14⁴ faldruðr
Fms. XII   14⁶ hringameiðr Fms. XI   16⁵ kannaði lýði] konnuðu
lýðir Lex. poët. s. 455

17 Sagt var at ravdɪa randa reynendɪ flota ſinvm iola nott
at iadɪi iomsvikingar komo :
varv helldɪ ˙aharþan hernvt firar giarnɪr riodendɪ bvdv
riki randoɪm ageirmvndi

18 Þa bvdv þeɪr amoti þeim er ſvnnan komv til geirhridar
greppvm gioɪla noɪegſ iarlar
þar var meſtr amęli mordremmandi¹ ſkommv margr var
at lavfa leiki landherr ſvndiɴ

19 Ein dɪepr firir mer allri elldɪ gnavdaþi vida elri ſkædɪ
vɪɪ eyiar itr maɴz konaɴ teiti :
god ætt of kemr grimmo gavſ vpp logi vr hvſvm gridvm
rænti² ſa³ gvmna gædingſ at mɪr ſtrɪþi

20 Ok havſþingiar hravſtɪr heyra menn at væri þat hefɪr
þiod at⁴ minɴvm þrir med flocki hva
rvm : þar er hreꝺviþɪr hittvɪ hialmaſkodſ a viþvm⁵ ſvndɪ
þotti ſa fyrþvɪɪ frægr hio⁶

21 Havdɪ ſra ec hakvn vcria hart ſva at eɪgi ſkoɪti eirikr
hefɪr eꝺiar otravdɪ verit ‖ rvnga vagi
rioþa : ok ſavgdv þar ytar armod vera ſiþan ſa var greppr
vɪd gvmna gladɪ havſþingia hiɴ⁶

22 Lavgþv heiptar hvattɪr herdi menn þar er bavrþvɪ herr
var havdɪ at veria hvnd ... ‖ þriþia³
ſamaɴ³ randɪr⁷ ok vikingvɪɪ varo varþ ravn at þɪi einvɪɪ
þat qveþa eɪgi avkɪt⁸ ytɪir fim at⁹ mot.

---

¹ remāndi A ³ Nastan utplånadt genom en skåra i membranen;
blott r någorlunda sakert. ³ Otydlɪgt. ⁴ a otydligt. ⁵ Det senare v
nästan utplånadt. ⁶ Strofens slutord stå ɪ slutet af nasta handskrɪftsrad
⁷ n otydlɪgt. ⁸ Skrɪfvet avk͞, men nedre delen af k borttagen af ett
hål ɪ membranen; (ɪcke arla). ⁹ Otydlɪgt, dock snarare at an a

17 [16].

Sagt vas, at rauðra randa
reynendr flota sínum
jólanótt at Jaðri,
Jómsvíkingar, kvámu;
váru heldr á harðan
hernuð firar gjarnir,
rjóðendr buðu ríki
randorma* Geirmundi.

18 [17].

Þá buðu þeir á móti
þeim, es sunnan kvámu,
til geirhríðar greppum
gørla Noregs jarlar;
þar vas mestr á mæli
(morðremmandi) skömmu ·
(margr vas at laufa-leiki)
landherr saman* fundinn.

19 [18].

Ein drepr fyr mér allri,
eldr gnauðaði víða
elri skœðr of eyjar,
ítrmanns-konan teiti;
góð ætt of kømr grimmu,
gaus upp logi ór húsum,
griðum rænti* sá gumna,
gœðings at mér stríði.

20 [19].

Ok höfðingjar hraustir
heyra menn at væri
(þat hefr þjóð at minnum)
þrír ·með flokki hvárum,
þar's hreggvíðir hittusk
hjálma-skóðs á víðum
(fundr þótti sá fyrðum
frægr) Hjörungavági.

21 [20].

Hauðr frá'k Hákun verja
hart, svá't eigi skorti;
Eiríkr hefir eggjar
ótrauðr verit rjóða;
ok sögðu þar ýtar
Ármóð vesa síðan
(sá vas greppr við gumna
glaðr) höfðingja enn þriðja.

22 [21].

Lögðu hejptar-hvatir
herðimenn, þar's börðusk,
(herr vas hauðr at verja
hundmargr*) saman randir;
ok víkingum váru
(varð raun at því) einum
[þat kveða eigi aukit*]
ýtar fimm at móti.

17¹ Sagt var at] Segja O^abh   17² reynendr] reyfendr O^bh   17³ at]
á O^bh   17⁴ kvámu] kvæmi O^abh   17⁵ randorma O^abh, Fms. XII (Str.
17 fattas i O^c.)   18¹ á] at O   18² kvámu] kvæmi (skr. k°mi, men ° otyd-
ligt) O^a   18³ greppum] greipum O^a   18⁵ var] varð O   18⁶ saman O
Fms. XI — fundinn] bundinn O^bhc   20² heyra] heyri O^bhc — væri]
váru O   20³ at] í O   20⁴ hvárum] hverjum O^bhc   20⁵ hreggviðir] hregg-
undir O^bh   20⁶ á víðum] á viðium O^bh, utel. O^c   20⁷ sá] þá O^b, utel. O^bc
— fyiðum] fyrða O   20⁸ frægr] 'frágr' O^c — Hjörungavági] á Hjörunga-
vági O^a Hjörungarvági O^c   22⁴ hundmargr Lex. poét. s. 413] hundingja
Fms XI   22⁶ víkingum] víking um Fms. XII   22⁷ aukit] árla Fms. XI

23 . . . . ¹ firir mer allri atroð: mikinn gniþv ² . . . .

. . . .

. . ðætt of kemr grimmv glyo magnaðiz egg ³ . . . .

. . . .

24 S. gvalldi bað fina foknftranga vel ganga hann varat

famr afatt ⁴ fveit haki ⁴ am . . .

haralldz arfi klavf hialma hilldar avu ok fkiolldv fram

geck hann firir hlifar hart nackvara fnert. ⁵

25 Þar geck fram ifolki franlynd: bvi finv þes qvrþa virþa ⁶

viffv vanir hart með fveina : ok geir

viþir gorþv grimma havovm rammir gengv þrir at gvnm

geyfta vapna breftv

26 Klavf með yoiar elldi olmr gvllbvi hialma nið: lét hann

iherþar hringferkia bavl

ganga : hart nam ⁷ havo at ftæra havarþr liði fyrþa við

hefir illt at eiga aflak verit fikivm

27 Ein drepr firir mer allri el gnvði mioc ftala almr fpann

af ser odda itr manz konan teiti :

goð æt of kemr grimmv gripv þeir ibvg fnærvm gvnrackaztir

gvmnar gæþings at mer ftriþi

28 Þar fra ec vapnvm veriaz vagn felldi lið þegna hann

klavf breiðra bivua borg ⁸ hvndroþvm ⁹

morgvm : grimmr var fnarpra fverþa fongr bvrgvz vel

drengir van arfþegi aka avs fell bloð ¹⁰

---

¹ Här borjar sid. 107 : A. — Båda de ofre bladhörnen bortrifna
² Mycket otydligt; svårligen grimþv, men mojl. greiþv eller greiþa?
³ Bokstäfvernas ofre del bortrifven; gg sammanskrifna. ⁴ Så; de for-
kortningstecken, som troligen funnits, bortrifna. ⁵ Ej sinnum, tecknet ¹
otydligt; efter t tyckes hafva stått v, hvars ena staf finnes : behåll
⁶ Skrifvet v¹þa (ej v¹þa, som utg. af Fms. XI tyckes hafva last)
⁷ Så, ej van ⁸ Skrifvet b̄g ⁹ Skrifvet hundroþ̄ ¹⁰ Strofens slutord
stå i slutet af nästa handskriftsrad.

23 [22].

Em drepr fyr mér allri,
atróðr mikinn gníðu*

— — — — — —

ítmanns-konan teiti;
góð ætt of kømr grimmu,
glygg magnaðisk eggja*

— — — — — —

gœðings at mér stríði.

24 [23].

Sigvaldi bað sína
sóknstranga vel ganga
(hann vasat samr á sáttir*)
sveit Hákuni á móti*;
Haralds arfi klauf hjálma
hildar-örr ok skjöldu,
fram gekk hann fyr hlífar
hart nakkvara snertu*.

25 [24].

Þar gekk fram í fólki
fránlyndr Búi sínu
(þess kveða virða vissu
vánir) hart með sveina;
ok geirviðir gorðu
grimma höggum rammir
(gingu þeir àt gunni
geysta) vápna-brestu.

26 [25].

Klauf með Yggjar-eldi
ólmr Gullbúi hjálma,
niðr lét hann í herðar
hringserkja-bol ganga;
hart nam högg at stœra
Hávarðr liði fyrða,
við hefr illt at eiga
Áslák verit fíkjum.

27 [26].

Ein drepr fyr mér allri,
él gnúði mjok stála,
álmr sparn af sér odda,
ítrmanns-konan teiti;
góð ætt of kømr grimmu,
grípu þeir í bug snœrum
gunnrakkastir gumnar.
gœðings at mér stríði.

28 [27].

Þá* frá'k vápnum verjask
(Vagn feldi lið) þegna,
hann klauf breiðra brúna
borg hundruðum mörgum;
grimmr vas snarpra sverða
songr, burgusk vel drengir,
vann arfþegi Áka
ös, fell blóð á kesjur.

23² gníðu Lex poet s 256] grimðu Fms. XI greiðu Fms. XII
greiða (pr inf.) Gislason, "Om Helrim etc." (Kbhvn 1877) s 35
23⁴ eggja Fms XI   24² vel ganga] at vel gengi Gislason. anf. arb.,
s 35 f.   24² sáttir Fms. XI   24⁴ móti Fms XI   25⁴ geysta] geystir
eller geystan G. Vigfusson.   26² ólmr Gullbúi] álmr gall Búi O
26⁴ hringserkja] 'hrimserkia' Oᵇʰ 'hránserkia' Oᶜ   26⁵ nam] réð O
26⁷ illt] illr O   26⁵ Áslák] Áslákr O   28⁴ borg] berg Fms. XI —
hundruðum] hundroðit Fms XI

8

29 Vagn hefir oþit ytvm avrfengr at bavð ſtrangri með
fvllhvga frækuvm fram gengv] akefioꝛ
vel dꝛengir : þar er iyaiar eli aka ſvnr hinn riki bꝛatt
fra ec hann at hlæþi hvgprvþvm armoði

30 Hvꝛvitna fra ec havlþa heꝛr æxti gny daxa firir hrꝛaviþꝛm
hioꝛva hravkva gvxar ravckꝛm
aðꝛ ı aꝛrva drifv ytvm grimmꝛ at blota fram kom heipt
hin harþa hakꝛn þegar tæki

31 Eein ¹ dꝛepr firir meꝛ allri ylgr geck ána bolginn þar
ſtoð vlfr iatv ítr maxz konan tꝛiti
goð ætt of kemr grimmv gein vargr vm ſal mergiaꝛ
gradꝛ þvau gylþiſ ioþa ² gæþings at mꝛr ſtriþi

32 Þa fra ek el hit illa æþa havlga brvþi glvmþi hagl
ahlifvm harþa grimt oꝛ noꝛþri : þar
er ioꝛmfran avgv ytvm ſkya grioti þi knatti ben blaſa
baꝛþi hreoi keyrþv

33 Þar var þavrfvm meiri þrekfavrlvþꝛm iarli bꝛavt byꝛ ec
hann at heldi hvgravu flota ....
ſnara bað ſegl við hvna ſigvaldi ibyr kavldvm guvþi
havrð a hlyrvm hriþ fell byꝛ i vaþir ³

34 Þar let vigfvs veꝛþa vegrækinn ⁴ aflaki þann era þaꝛrf
at ixa þatt helfarar veittaꝛ :
þoꝛleifr of vax þiokva ⁵ þrækſtærþvm havarþi hart let
hann með kylfv havꝛramr bꝛotit ⁶

---

¹ Så; (begynnelsebokstafven står ı marginalen)
² Mellan o och þ tyckes en bokstaf (ı eller d?) hafva blifvit af
skrifvaren utplånad.
³ Mycket otydligt, möjligen viþir
⁴ Skrifvet vegræk͞ (= vegrækum? Jfr dock AM 61 fol vegrækinn).
⁵ Öfver a synes ett nara utplånadt tvarstreck.
⁶ ꞇꞇ mycket otydligt — Strofens slutord står ı slutet af nasta hand-
skriftsrad.

29 [28].

Vagn hefr ordit ýtum
orfengr at böð strangri,
með fullhuga frœknum
fram gingu vel drengir;
þar's í Yggjar-éli,
Aka sunr enn ríkı,
brátt frá'k hann at hlœðı
hugprúdum Ármódi.

30 [29].

Hvervitna frá'k hölda
(herr œxti gný darra)
fyr hreggvidum hjörva
hrøkkva gunnar-rökkum;
áðr í örva-drífu
ýtum grimmr at blóta
(fram kom heipt en harða)
Hákun synı' tœki.

31 [30].

Em drepr fyr mér allri,
ylgr gekk á ná bólginn,
þar stóð úlfr í átu,
ilrmanns-konan teiti;
góð ætt of kømr grimmu,
gein vargr of sal mergjar,
gráðr þvarr gyldis jóða,
gædings at mér stríði.

32 [31].

Þá frá'k él et illa
œða Hölgabrúðı,
glumði hagl á hlífum
harða grimt ór norðri;
þar's í ormfrán augu
ýtum skýja-grjóti
(þí knátti ben blása)
barði hreggi keyrðu.

33 [32].

Þá' vas þörfum meiri
þrekförluðum jarli
(braut hykk hann at heldi)
hugraun (flota sínum');
snara bað segl við húna
Sigvaldi í byr köldum,
gnúði hörd á hlýrum
hríd, fell byrr í vádir*.

34 [33].

Þar lét Vigfúss verða
vegrœkinn Ásláki
(þann esa þorf at segja'
þátt) helfarar veittar;
Þórleifr of vann þjokkva
þrekstœrðum Hávarði
(hart vá' hann með kylfu)
höggrammır brotit leggi.

29² strangri] 'streingia' O^h   29⁴ gingu vel drengu]'ı gegn vel dreing-
gıum' O^h   29' þars O^a   29' hann at] at hann O^h   30' œxtı] æstı O^hh
30⁴ rökkum] rekkum O^ah   30⁶ Hákun] 'hallkæm' O^bh — syni O^ahh
(Str 30 saknas i Oc.)   32² œda] œdask O — Holgabrúdi] Holga-
brúdar O^a ShI.   XI Höldabrúdar O^bhc   32² hlífum] hjálmum O
32' harda] hadla O^b hardla O^hc   32⁵ þars O^ahh] þá er O^c   32⁶ grjóti]
gráti (skr. g^roti) O^h   32' þí] þá O^bh — knáttı] náðı O   33' þá O
-- þorfum meiri] þorf hin meiri O^c   33²þrekforludum]þreklundudum O^h
þreklyndudum O^h þreklundum O^c   33³ hykk]frá ek O — at] er O^h   33⁶ í
byr köldum] byrköldu O^a byrköldum O^bhc   33⁷⁻⁸ glumdi hrönn á
húfum (ey hofum)| hríd fell í bug váda O   34³ segja O ShI XI   34' vá O

8*

116

35 Eín dꞁepr firir mꞔr allri andat folk at fvndi ftravmr dꞁo
vt vm eyiar ıtr mꞔnnꞔ konꞔn tciti ‖ leci [1]
goð ætt of kcmr grimmv gifrf [2] hefta bꞁa favftv gny
mıklandi gcira gæpꞔngs at mꞔr ftrꞔþi

36 Bad firꞔr borð at fkyldi bavdfvellandi allir aðr fꞔa ec
vapnvm veriaꞔ vagnf lið bva þegnꞔr
ok hreꞔbodi hioꞁva hravftr mꞔð þvngꞔr kiftvr fa vꞔr illr
af avrvm vtravðꞔ akaf reþi

37 Nam [3] eldbꞁoti yciar ygr firir borð at ftiga vt bar hꞔnn
af hvfvm hravftr gvllbvꞔ kiftvr [4]
ok optliga eptir vblavþꞔ þar fıþꞔn knegv lyðir lita langꞔn
oꞁmı ahringvm

38 Skeið fra ec vallt at veꞔþi vagn mꞔð fina þegna avll
vꞔro þa þcira þvꞔ fkip hroþın avꞔvr
vpp naþv þar eigi avðlingf mꞔnn at ganga ofꞔn reþv
þeꞔr avfga eirikf vinı keyra

39 Upp ftoþv þar eptir vngra fnyrti dꞁengia fveit fylgði vel
vagni væn þrꞔr tigir einir [5]
allz onga fra ek aðꞔa iafnmꞔrga sꞔa hvrgꞔꞔ aðꞔ letti
dyn darra dꞁcng mꞔnn hvgvm ftrꞔng. [6]

40 Reð mꞔð danfka dolga [7] dꞁcngr aland at ganga roþın [8]
fra ec davꞔ idꞁeyra davðꞔ
la herr afkeiðvm : vagn qvað cigi [9] ytvm vndꞔn rað at
fkynda [10] famꞔn [goꞁþv þcir f . . . [11]

---

[1] i otydligt. [2] j tyckes vara andradt från f [3] Så, ej van [4] Forkort-
ningstecknet otydligt [5] Otydligt, i synnerhet e och forkortningstecknet
[6] fꞔng [7] eller fꞔ"ga? (snarast det senare, a ar ı så full temligen stort skrif-
vet, såsom ofta ıd radens slut.) [7] ol otydligt på grund af ett hål ı
membranen [8] Skrifvet roþ͞ [9] Skrifvet eī [10] Så, ej skunda [11] Från
[otydligt; de utplånade bokstafverna möjl. ına — Under raden till
hoger har jag tyckt mıg otydligt skymta fat a em

35 [31].

Ein drepr fyr mér allri,
andat fólk at sundi
strauınr dró út of eyjar,
ítrmanns-konan teiti;
góđ ætt of kømr grimmu,
gífrs hesta brá fostu
gný-mıklandi geira,
gædings at mér stríđi.

36 [35].

Bađ fyr borđ at skyldi
bóđsvellandı allir
(þá* frá'k vápnum verjask
Vagns lıđ) Búa þegnar;
ádr* hreggbođı hjorva
hraustr með þungar kistur
(sá vas illr af aurum)
ótrauđr á kaf ıéđi.

37 [36].

Nam eldbroti Yggjar
ýgr fyr borđ at stíga,
út bar hann af húfum,
hraustr Gullbúi, kistur;
ok optlıga eptir
óblauđir þar sídaıı
kıregu lýdir líta
langan orm á hringum.

38 [37].

Skeiđ frá'k valt at verđi
Vagn međ sínu þegna,
öll váru þá þeira
þunıı skip hrođiıı ónnur;
upp náđu þar eigi
öđlings menn at ganga,
ofan rédu þeir ýgja*
Eiríks vini keyra.

39 [38].

Upp stóđu þar eptir
uııgra snyrtidreugja
(sveıt fylgđı vel Vagnı
væn) þrír tigir eiıir;
alls ønga frá'k ađra
jafnmarga svá burgusk
(ádr létti dyıı darra)
drengmenıı hugum stranga*.

40 [39].

Réđ međ danska dólga
dreııgr á laud at gaıga
(rođin frá'k dorr í dreyra)
dauđr lá herr á skeiđum;
Vagıı kvađ eigi ýtum
undan ráđ at skynda,
saman gørđu þeir s ...

— — — — — —

38¹ valt] vist *O* — verđi] varđi *Oᵇᶜ* 38⁴ skip] skiput *Oᵇʰᶜ*
38⁵ náđu] náđi *Oᵃ* námu *Oᶜ* — eigi] þeygı *O* 38⁶ öđlings] þengıls
O — menn] mađr *Oᵃ* — ganga] reıına *Oᵇʰᶜ* 38⁷ rédu] urdu *Oʰ* — ýgja
Oᵃᶜ ShI XI ygɡja *Oᵇʰ* 38⁸ vıni] menn at *O*

39⁸ stranga] strangır *Fms. XI*

40⁷ rođin] rodinn *Fms. XI* 40⁷⁻⁸ saman gørđu þeıʳ sitja | sáttir á
einni nóttu *Fms. XI*

118

(Ur Cod. AM. 61 fol., bl. 20 b, 1—2.)

(41) Þar let | eirikꞛ ôuðo ¹ atiun þegar tyna helldꞛ fragum
þa þuerra þegna lið firir | vagni mæltu hrauftar hetiur
haukligt var þat fikivm þau hafa þioþir | vppi þꞛottar oꞛd
með fyꞛðum

(42) Ok með tiôꞛnif falu foꞛ þoꞛketill leiꞁra þa er men bꞛoti
mælti man faung vm gua hringa gerðiz hann | at hôggva
hauklyndan fon aka vagn gat helldꞛ at hanum heipt ôꞛ
vegit fyrri

(43) Viltu kvað hringa hreytir hyggiv gegu at vagni |
el fuellaudi yðuart yggiar lif of þiggia eigi mun ek nema
efna v|ngꞛ þat er heit nam ftrengia sva kuað ullr at iarli
echrið ² fioꞛ þiꞁia

(44) Grið let ôꞛ ok avꞛa | eirikr getit stoꞛum miok leyfa
þat þioðꞛr þegnum .xij. með uagni

(45) Þa geck vllr at eiga ôꞛlyndꞛ þꞛyꞁmv raudaꞛ menn fyftu
þess ³ mæta margir íngibiôꞛgu

---

¹ do sammanskrifna. ² Så. ³ Harefter randa (?) ofverstruket af
skrifvaren.

(41.)

Þar lét Eiríkr öndu
átján þegar týna
(heldr frágum þá þverra)
þegna (lið fyr Vagni);
mæltu hraustar hetjur
(haukligt vas þat líkjum)
[þau hafa þjóðir uppi]
þróttar-orð með fyrðum.

(42.)

Ok með fjörnis-fálu
fór Þórketill leira,
þá's menbroti mælti
mausong of Gná hringa;
gørðisk hann at höggva
hauklyndan son Áka,
Vagn gat heldr at hánum
heiptörr vegit fyrri.

(43.)

"Vilt," kvað hringa-hreytir
hyggju-gegn at Vagni,
"élsvellandi yðvart
Yggjar líf of þiggja?" —
"Eigi mun'k, nema efna,
(ungr) þat's heit nam strengja,
(svá kvað Ullr at jarli
egghríðar*) fjor þiggja."

(44.)

Grið lét örr ok aura
Eiríkr gefit stórum
(mjök leyfa þat þjóðir)
þegnum tólf með Vagni.

(45.)

Þá gekk Ullr at eiga
örlyndr þrymu randa
(menn fýstu þess) mæta
(margir) Ingibjörgu.

41⁴ þegna lið] ógnar lið O^bh (Str. 41 fattas : O^c)

42¹ Þórketill] Þórkell O^b þá Þórkell O^h   42⁶ hauklyndan] hauk-lundan O^bh   42⁸ heiptörr] heipt^r O^h — fyrri] þeirri O^bh (Str. 42 fattas : O^c)

43⁴ of] af O^b at O^h   43^b efna] ek efna O^bh   43⁸ þat ei] þat O^c
43⁷ at] af O^h   43⁸ egghríðar] elghríðar O^h

44¹ aura] aðra O^bh   44⁴ tólf] tíu O^bh (Str. 44 fattas : O^c)

45¹ Ullr] 'auu' O^h   45⁷ randa] landa O^bh (Str. 45 fattas i O^c)

Anmärkningar till Jómsvíkinga drápa.

Jómsvíkinga drápa, diktad af Orknöbiskopen Bjarni Kolbeinsson, är af intresse icke blott på grund af den i formelt afseende egendomliga ställning, hon intager inom fornliteraturen, utan äfven genom de faktiska uppgifter, hon innehåller. Dessa senare, som i viss mån afvika från de öfriga fornskrifternas, äro visserligen till följd af diktens ringa omfång foga rikhaltiga, men ega dock ett visst värde i betraktande deraf, att Jvdr. säkerligen är äldre än både Fagrskinna, Heimskringla och de af oss kända redaktionerna af Jómsv. saga; ty af den ton, som råder i dråpan, kan man måhända hafva rätt att antaga henne vara författad i skaldens yngre år, åtminstone före 1188, då han blef biskop.

Huru vida Snorre för sitt historiska verk tagit någon hänsyn till Jvdr.[1], är svårt att afgöra. Deremot finna

---

[1] KEYSER (Efterl. Skr I, 329) antager utan vidare, att så varit, BUGGE (Aarb. f Nord. Oldk. 1875, sid. 242) fornekar detta. Att Snorre ej anför någon strof ur dråpan, ar ganska naturligt, då han ju ej plagar citera dråpor af skalder, som ej varit samtida med de besjungna tilldragelserna. Detta hindrar emellertid icke, att Snorre kunnat ur Jvdr. upptaga någon enstaka utsaga, som tjenat att komplettera uppgifterna i hans öfriga kallor. Så synes förhållandet kunna hafva varit med taluppgiften i slutet af kap. 46 af Ol. Tr. s ["Váru 18 drepnir, en 12 þágu grið", jfr. Jvdr. str. (41) och (44)], hvilken uppgift icke finnes i någon af de kallor, Snorre (jfr STORM, Snorres Historieskr. sid. 133) anvandt for Ol. Tr. s. Denna obetydliga uppgift ar den enda, som Snorre möjl. kan hafva tagit ur Jvdr., tänkbart ar dock ju alltid, att den ar hemtad ur någon annan, nu förlorad, källa.

vi henne i tvenne sagor uttryckligen åberopad såsom
stöd för berättelsen, neml. i den större sagan om Olof
Tryggvesson samt uti den i Cod. AM. 510, 4:to bevarade
redaktionen af Jómsvíkinga saga.

I den nämda Olofssagan anföras ett antal visor ur
Jvdr. Då emellertid de i dessa visor förekommande fak-
tiska utsagor i allmänhet öfverensstämma med de andra
källor (företrädesvis Heimskringla och Jómsv. saga), hvilka
Olofssagans författare begagnat för sin framställning,
så synes det, som citerade han Jvdr. hufvudsakligen
blott för att styrka de uppgifter, han från annat håll
hemtat Blott ett par små notiser [1], som icke finnas i hans
öfriga kallor, har han upptagit ur Jvdr., hvarjemte han
på ett stalle [2] påtagligen ändrat Heimskringlas fram-
ställning i ofverensstämmelse med — den af honom dock
här missförstådda — dråpan, hvars berättelse han således
måste hafva ansett mycket trovärdig.

Om dråpans begagnande i AM. 510:s redaktion af
Jómsv. saga är forut taladt (jfr ofvan sid. XVII).

De upplysningar, fornskrifterna lemna oss om Jvdr.'s
författare, äro temligen knapphändiga. Hans födelseår

---

[1] Jfr Fms. I, 172⁹⁻¹⁰ och 177¹⁸⁻²¹.

[2] Neml. i berättelsen om Jomsv:nes och de norske jarlarnes
seglats, innan de sammanträffade i Hjorungavåg (Fms. I, 169).
Snorre låter (Hkr. Ol. Tr. s. kap. 42—43) vikingarne färdas norr om
ön Hod, innanfor hvilken de, kommande norrifrån, sammandrabba
med jarlarne, som komma söderifrån (jfr kartan hos Storm, anf.
arb. sid. 85). Forf. af den storre Olofssagan har emellertid fast
sig vid uttrycket sunnan i Jvdr 18², hvilket han icke tager i
den allmänna betydelse (söderifrån = från Danmark), hvari det
otvifvelaktigt här bor fattas; han har i stället fattat det så, som
om vikingarne vid sammandrabbandet kommit söderifrån, och
med anledning af denna sin uppfattning har han ansett sig bora
andra Snorres "réru jarlar sunnan" (kap. 43) till nordan. Då
han emellertid icke konsekvent andrat Snorres öfriga, i samman-
hang harmed stående uppgifter, så har hans framställning har
blifvit temligen oredig.

är okändt, men synes i betraktande af tidpunkterna for
hans utväljande till biskop och hans död kunna förläggas
till omkr. 1150—60. Hans fader, Kolbeinn hrúga, som
efter sagornas vittnesbörd tyckes hafva varit en mäktig
och ansedd man, hade till maka Herbjörg, hvars moder
var dotterdotter till Orknöjarlen Páll Þorfinnsson [1]. På
mödernet var Bjarni således befryndad med de mäktiga
Orknöjarlarnes vidt utgrenade slägt och äfven till andra
förnämliga ätter på öarne stod han i slägt- eller vän-
skapsförbindelse [2]. Äfven utom Orknöarne hade han an-
sedda vänner; sagorna förtälja, att han stod i vänskaps-
förhållande till flere män, som hörde till Islands främsta
slägter, särskildt till medlemmar af de som skalder och
historieskrifvare bekanta "Oddaverjarnes" familj [3]. Att
Biskop Bjarni äfven hade förbindelser i Norge, framgår
deraf, att han der besatt jordagods [4] och upprepade gån-
ger företog resor dit. Sedan han nemligen år 1188 [5]
blifvit biskop i Kirkjuvåg, finna vi honom upprepade
gånger dels uppträda som fredsmäklare mellan de norske
konungarne och Orknojarlarne, dels såsom dessa senares
följeslagare bivista de norska riksmotena. Icke mindre
än 5 gånger reste han till Norge i politiska angelägen-

[1] Jfr Orkneyinga saga (ed. Jonæus, Kbhvn 1780) sid. 256 f. samt
stamtaflan 6 hos Munch, D. norske Folks Hist. II
[2] Detta betygas af Orkn. saga, hvarest det (sid. 406) heter
om Bjarni· "var hann hinn mesti höfdingi ok kærr vin Haralds
jarls: Bjarni biskup hafdi frændbálk mikinn í eyjunum."
[3] Sturlunga saga (ed. Vigfusson I, 211) omtalar, att den be-
kante Samund Jonsson på Oddi "på grund af sin vanskap for
Biskop Bjarni" tog en dennes brorson i försvar mot Snorre Stur-
lassons förföljelser. — Om tvenne bland tidens fornamste Islän-
dingar (neml. Lopt Pálsson, jfr Biskupa sogur I, 143, och Hrafn
Sveinbjarnarson, jfr Bisk. s. I, 641) vet man, att de på utländska
resor gästade hos Biskop Bjarni.
[4] Jfr det i "Cod. diplom. monasterii Munkalivonsis" (ed. Munch,
Kristiania 1845) sid. 83 forekommande gåfvobref.
[5] Ísl. Annálar (Ed. AM. Kbhvn 1847) sid. 76 uppgifves, att
hans företrädare afled detta år.

heter, neml. åren 1195, 1208, 1210, 1218 och 1223 [1].
Vid eller kort efter det riksmöte, som sistnämda år sammanträdde i Bergen, afled han (d. 15 September [2] 122 [3] [3]).
Det ofvan anförda torde vara allt, hvad fornsagorna meddela om Biskop Bjarni. Af dessa spridda drag ur hans lefnad synes emellertid, att han varit en så väl genom slägtskapsförhållanden som genom sin medborgerliga ställning mäktig man. Som skald var han helt visst en af de främste i Norden under den på stora skalder fattiga senare hälften af 12:te årh. På Orknöarne hade skaldekonsten alltid varit högt ansedd, och redan före hans dagar hade flere framstående skalder lefvat der [4]; vi erinra särskildt om Bjarni's frände, den berömde Rögnvald jarl. Om ock Bjarni vid dennes död (1158) antagligen var alltför ung för att genom personlig bekantskap med honom hafva kunnat af hans författarskap mottaga intryck, så tala dock flere skäl [5] derför, att Bjarni känt till Rögnvalds "Háttalykill", särskildt den omständigheten, att ett antal i Háttalykill förekommande, delvis mindre vanliga, uttryck återfinnas i Jómsv. drápa [6].

---

[1] Jfr Fms. resp. VIII, 298; IX, 192, 194, 279 och 325. Hvad tidsbestämmelserna angår, har jag här följt Munch (D. n. F. Hist. III).
[2] Jfr "Necrologium Islandicum" hos Langebek, Scriptores rer. Dan II, 515.
[3] I Isl. Annálar sid. 96 uppgifves han hafva dott redan 1222, men Munch (D. n. F. Hist. III, 653) visar, att hans dod infaller först 1223.
[4] Jfr Bugges afhandl. "Bjarne Kolbeinssøn og Snorres Edda" (i Aarb. f. Nord. Oldk. 1875) sid. 238.
[5] Jfr Bugge, anf. afh. sid. 243.
[6] Man jemfore:
Háttal. 20: grástóði gríðar ... brá fostu med Jvdr. 35: gifrs hesta brá fostu,
Háttal. 29: hjálmskóð med Jvdr. 20: hjálmaskóð;
Háttal. 30: Haraldr kunni gný gørva ... bendags med Jvdr. 15: darra hinn er kunni gný gørva;
Háttal. 32: Haudr frá ek Hákon sidan hardgedjadastan varda med Jvdr. 21: Haudr frá ek Hákon verja hart, svá at eigi skorti;

Denna dråpa är den enda dikt, som af fornskrifterna uttryckligen tillerkännes Biskop Bjarni, som så väl i den större Ol. Tr. s. som i AM. 510:s redaktion af Jómsv saga uppgifves såsom hennes författare. I en senare tid har man äfven velat tillerkänna Bjarni författarskapet till det s. k. Málsháttakvæði [1] och de i slutet af Snorra Eddas Skáldskaparmál (Ed. AM. I, 546—93) förekommande "nafnaþulur" [2].

Jemförd med öfriga till vår tid bevarade dråpor intager Jvdr. en i flere afseenden isolerad ställning. Den enformighet, som i allmänhet utmärker så väl den verldsliga som den andliga dråpadiktningens alster, återfinna vi ej i Jvdr. Redan sjelfva ämnets beskaffenhet medgifver en lifligare och friare behandling, än som kunde ega rum i till bestämda personer stälda lofkväden; äfven den omständigheten, att skalden valt ett enklare versslag, än det för dråpor eljest brukliga, har gifvit honom tillfälle att mera obundet röra sig, då han för att uppfylla metrikens fordringar ej behöft taga sin tillflykt till långa och konstlade omskrifningar. Hvad som emellertid särskildt utmärker Jvdr. — en egenhet, som hon har gemensam med Málsháttakvæði, — är den egendomliga omklädnad, hvari dikten framträder. Skalden inleder nemligen den samma med att omtala den sorg, som en olycklig kärlek vållar honom, och hvilken han genom diktande tyckes vilja fördrifva. Till denna olyckliga kärlek återkommer han på flere ställen i dråpan, särskildt i omkvädet. Genom tillvaron af detta "erotiska" element, som icke står i något samband med det besjungna ämnet, företer Jvdr. på sätt och vis en öfverensstämmelse med

---

Háttal 32· álmr sparn hart til hjálma hvassoddudustum broddi med Jvdr. 27: álmr spann (= sparn) af sér odda, Háttal. 36 Yggjar él med Jvdr. 29: Hattal. 37· rjóða eggjar med Jvdr. 21

[1] Jfr Móbii upplaga deraf i Zeitschr. f d. Philol., Ergänzungsbd sid. 24, afvensom Buggi, anf. afh sid. 239.

[2] Jfr Bugge, anf. afh.

en senare tids "rímur", med hvilka hon äfven eger en anknytningspunkt deruti, att hon likasom de är en poetisk behandling af ett föreliggande sagoämne. Skarskåda vi Jvdr. ur estetisk synpunkt, så kunna vi väl icke annat än tillerkänna henne ett visst värde, äfven om vi skulle vilja mäta henne efter en nyare estetiks måttstock. Den enkla och kraftiga diktionen är allt igenom lämpad efter innehållet; öfver allt i dråpan finner man — för att begagna ett modernt estetiskt uttryck — en viss "stämning". I sångens början (str. 1—5), då skalden talar om sin olyckliga kärlek, bär diktionen ännu pregel af hans tunga sinnesförfattning; men i samma mån som han kommer mera in i sitt egentliga ämne, blir tonen en annan och kraftigare; endast vid omnämnandet af "Torkels hvita dotter" (str. 14) återkommer tanken på hans olyckliga kärlek, och några klagande ord inflätas, men sedan tyckes han — att döma af den del af dråpan, vi ega i behåll — allt mera glömma sin sorg, om hvilken i det följande endast omkvädet erinrar.

De handskrifter, i hvilka större eller mindre delar af Jómsv. dråpa finnas bevarade, och hvilka jag alla haft tillfälle att begagna, äro följande:

I. *Cod. reg. Havn. 2367, 4:to* (Gamle kongel. Samling), vanligen benämd "Codex regius af Snorra Edda" (— *A*). Denna välbekanta membran består af 55 med sidonumrering försedda blad och innehåller på sidd. 1—105²⁸ 'Snorra Edda" (Ed. AM. I, 24³—716). Derefter har man upptecknat på sidd. 105²⁹—107 str. 1—40 af Jómsv. dråpa ¹ samt på sidd. 108—110 Málsháttakvædi. Handskriften finnes beskrifven i "Antiquités Russes" (I,

---

¹ Att dråpan aldrig funnits fullständig i *A*, framgår deraf, att hon slutar nederst på första sidan af samma blad, på hvars andra sida Málsháttakvædi börjar med öfversta raden.

xx f.), hvarest äfven (I, tab. II) i facsimile meddelas en sida af den samma. Den är allt igenom skrifven med samma hand, hvars ålder i Ant. Russes uppskattas till omkring år 1300; i Sn. Edda AM. (I, vı) bestämmes bokens ålder nogare till början af 14:de århundradet. Af det i Cod. regius förekommande fragment af Jvdr. finnes i *Cod. AM. 65 fol.* en afskrift med Jón Erlendssons hand. Denna afskrift är högst otillförlitlig, och de i Cod. reg. mera svårlästa ställena äro helt enkelt öfverhoppade.

En annan afskrift, med en nyare hand, finnes i *Cod. reg. Havn. 1150 fol.* (Ny kongel. Samling), men är blott tagen efter Cod. AM. 65 fol., utan att membranen rådfrågats.

II. Handskrifterna af den större sagan om Olof Tryggvesson (— *O*):

A. *Cod. AM. 61 fol.* (— *O^a*). Denna utmärkta membran är skrifven af 3:ne olika händer, af hvilka den första och äldsta — den enda, till hvilken hänsyn här behöfver tagas — i den under utarbetning varande nya Arne-Magnæanska handskriftskatalogen hänföres till senare hälften af 14:de årh. I "Antiquités Russes", hvarest handskriften finnes beskrifven (I, xxvı) och ett facsimile deraf (I, tab. VI) meddelas, uppskattas dess ålder till förra hälften af 14:de årh.; denna uppgift återfinnes i Fms. IV, hvarest äfven förekommer ett facsimile. — De visor ur Jvdr., som finnas i denna codex, motsvara str. 10, 11, 12, 17, 18, 20, 26, 29, 30, 32, 33, 34, 38 i Cod. regius, hvartill komma 3 hela och 2 halfva strofer, som ej finnas i denna, och hvilka jag här ofvan utmärkt med ordningsnumren (41)—(45).

B. *Cod. AM. 54 fol.* (— *O^b*). Den hand, hvarmed Olofssagan i denna membran är skrifven, hänföres i nya AM. handskriftskatalogen till slutet af 14:de årh. Samma visor ur Jvdr. finnas i denna codex, som i *O^a*.

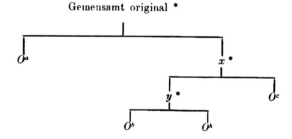

C. *Cod. Holm. membr. 1 fol.* vanligen kallad "Bergs-
bók" (= *O^h*). För denna handskrift redogöres i Arvids-
sons bekanta "Förteckning" (sid. 1 ff.), hvarest boken
uppgifves vara nedskrifven i slutet af 14:de eller början
af 15:de årh. Samma stycken af Jvdr. finnas i Bergs-
boken, som i *O^a* och *O^b*.

D. *Cod. AM. 53 fol.* (= *O^c*). Denna skinnbok upp-
gifves i nya AM. handskriftskatalogen förskrifva sig från
slutet af 14.de årh. De visor ur Jvdr., hvilka före-
komma i den samma, äro blott str. 18, 20, 26, 29, 32,
33, 34, 38 och (43). [Str. 30, (41), (42), (44), (45) ha
aldrig funnits i handskriften, hvars text på flere ställen
är mera kortfattad, än parallelhandskrifternas; huru för-
hållandet varit med str. 10—12, 17, låter sig ej afgöra,
då de blad, der de skulle haft sin plats, ej finnas i
behåll.]

Vid jemförelse mellan ofvan nämda handskrifter af
Olofssagan visar sig, att ingen af dem stammar från
någon af de öfriga, — churu *O^b* och *O^h* ligga hvarandra
mycket nära, — men att de alla leda sitt ursprung från
ett gemensamt original. Det slägtskapsförhållande, jag
tyckt mig finna dem emellan, åskådliggöres bäst genom
följande uppställning (hvarvid * betecknar förlorade hand-
skrifter):

Gemensamt original *

Jómsv. drápa är förut i Fms. XI, 163—76 [1] utgifven efter *A* med varianter ur *O*ⁿ — I Fms. I [2], (hvars text grundar sig på *O*ⁿ) och ShI. I anföras vid visorna ur Jvdr. varianter ur *O*ᵇ och *O*ᶜ. Bergsboken har 'deremot vid dråpans behandling hittills icke blifvit använd.

En del visor ur dråpan finnas aftryckta — efter *O*ⁿ — redan i Bartholins "Antiqvitates Danicæ" (Hafniæ 1689) sidd. 65 ff och 233 ff., samt derefter i den Adler-stam-Hammarsköldska upplagan af Jómsv. saga, sidd. 182—85.

_____

Såsom ofvan nämdes, är Jvdr. icke fullständigt be-varad, enär dels flere strofer befinna sig i ett mer eller mindre stympadt skick, dels slutet af dråpan fattas. Den del af henne, vi hafva i behåll, företer följande inrättning: Inngangr består af 14 strofer [3]. I str. 15 fram-träder för första gången det fyrradiga stef'et, hvilket

_____

[1] Texten i Fms. XI innehåller, förutom åtskilliga oegentlig-heter i beteckningssätt o. d., icke så få uppenbara fel: jfr ofvan sid. 106 not 4. sid. 108 not 1, 4, 6, sid. 110 not 8, 9, sid. 112 not 5, 6, 7, sid. 116 not 3, 10, m. fl. st.

[2] Äfven här finner man flere oriktiga läsningar; jfr ofvan sid. 109 noterna till 11⁴ och 11², sid. 115 noten till 33².

[3] I Fms. XI utgöres inngangr af blott 13 strofer. hvilket be-ror derpå. att 2 stympade strofer. den 2:dra och 5 te (efter den af mig följda indelning) på ett mindre lyckligt sätt blifvit sam-manslagna till en. I *A* står efter str. 1 ett kors, och vid sista strofen på sidan finnes ett liknande tecken. utmärkande att sist-namnde strof bör uppflyttas, så att den blir den 2·dra i ordningen. Utgifvaren af Fms. XI har tydligen icke lagt märke till detta senare tecken. utan trott, att tecknet efter str 1 syftar på orden 'rekkar viþar' (jfr Fms. XI 163, not 2), som i *A* stå straxt ofvan-för början af Jvdr. Dessa ord angifvas emellertid genom ett särskildt tecken (olikt de ofvan omnämda) såsom uteglömda ur str. 38 af Háttatal. hvilken strof (jfr Sn. E. AM. I, 650, not 1 och 716, not 1) i sin ordning blifvit öfverhoppad längre till baka i *A* och sedan tillagts efter slutet af Háttatal.

sedan i den af 21 (d. v. s. 1 + 5 . 4) strofer bestående
stefjabálkr återkommer i hvar fjerde strof såsom den-
nas 1:sta, 4:de, 5:te och 8:de rad; lästa till samman, bilda
dessa 4 rader för sig en fullständig halfstrof. Om den
ursprungliga längden af slœmr kunna vi intet med sä-
kerhet veta. Efter stefjabálkr har man blott 8 hela och
2 halfva strofer i behåll; minst 4 hela och 2 halfva
strofer måste således fattas, då slœmr i de få dråpor,
man har fullständigt bevarade, alltid är minst lika lång
som inngangr [1]. Men då slœmr i åtskilliga dråpor är
längre än inngangr (i "Líknarbraut" öfverskjutande med
hela 11 strofer), så felas måhända i slutet af Jvdr.
mera, än ofvan är antydt.

Jómsv. drápa är affattad i det i till vår tid bevarade
dikter mindre vanliga metrum, som i Snorra Edda (Ed.
AM. I, 680) benämnes munnvörp och som skiljer sig
från vanligt dróttkvætt blott derigenom, att det saknar
hending i vísuorð med udda ordningsnummer och har
endast skothending i de öfriga. Från denna regel före-
komma i dråpan åtskilliga undantag, i synnerhet i den i
Cod. reg. bevarade texten. På en del ställen kan det
regelmässiga förhållandet återställas genom upptagande
af andra handskrifters läsarter eller genom enklare text-
ändringar; dock återstår alltid ett fåtal oregelbundna
ställen [2], vid hvilka intet tyckes vara att göra [3].

Alliterationen är i Jvdr. öfver allt fullständig. Af
intresse är alliterationen på en del ställen (t. ex. 1³⁻⁴,
8⁵⁻⁶, 13⁵⁻⁶, 14¹⁻⁶ m. fl.), der rimmande ord begynna
med hr- eller hl-, enär dessa visa, att detta uttal (och
således väl äfven hn-) i slutet af 12 årh. ännu fans i

---

[1] Jfr Mobius, Vom Stef (Germania, N. R. VI), sid. 143.
[2] Skothending i st. f. háttlausa förekommer således i 1¹, 5⁷,
8¹, 10⁷, 14¹, 31⁷, 37⁶, 38³, 44¹; aðalhending f. háttlausa förekommer
i 6⁸ och 22³.
[3] Jfr beträffande rimförhållandena i Jvdr. Gislasons skrift:
"Om helrim i forste og tredje linie af regelmæssigt dróttkvætt
og hrynhenda" (Kbhvn 1877) sidd. 33—37.

9

behåll på Orknöarne, då det redan försvunnit i Norge.
— Äfven förtjenar måhända att såsom mindre vanlig påpekas alliterationen *jó — ja — jó* i 17[1-4].
Versradernas stafvelsetal är i Jvdr. öfver allt underkastadt de regler, hvilka SIEVERS uppställer i sina värdefulla "Beiträge zur Skaldenmetrik"[1]. På alla ställen, der det regelrätta antalet af 6 stafvelser i raden i handskrifterna öfverskrides, äro de öfvertaliga stafvelserna underkastade "Verschleifung" eller kunna de genom "metrisk normalisering" (jfr nedan) aflägsnas.

I de diplomatariska textaftrycken här ofvan har jag sökt återgifva handskrifterna så noga, som de typografiska förhållandena tillåtit. På ställen, der membranen är stympad eller oläslig, beteckna i texten insatta punkter det antal bokstäfver, som — förkortningarna oberäknade — ungefär kunna hafva fått plats på det felande stället. Till undvikande af missförstånd har jag uteslutit de punkter, hvilka i *A* vanligen förekomma vid strofernas slut (i *O^a* vid slutet af hvarje vísuorð); det stundom nästan alldeles utplånade tecken (:), som i *A* vanligen åtskiljer halfstroferna, har jag deremot bibehållit. Förkortningarna hafva återgifvits med ledning af förekommande utskrifna former; på de få ställen, der upplösningens riktighet kunnat vara i någon mån tvifvelaktig, har membranens skrifsätt upptagits i noten.
I den normaliserade texten har jag sökt att så vidt möjligt återställa dråpans ursprungliga gestalt. De afvikelser, jag härvid tillåtit mig gent emot de till grund lagda handskrifterna, äro utmärkta med särskilda tecken (jfr ofvan sid. 105), så vidt de icke kunna inbegripas

---

[1] Beitr. z. Gesch. d deutschen Spr. u. Literat., herausg. v. PAUL u. BRAUNE V, 449—518, VI, 265—376 (Halle 1878—79).

under rubriken "normaliseringsåtgärder". Utan särskild anmärkning har jag neml.

1) genomfört *ortografisk normalisering*, i sammanhang hvarmed vidtagits följande förändringar, som jag ansett betingade af dråpans affattningstid [1], delvis äfven af metriska förhållanden, nemligen

af *er* (hjelpverb och rel. part.) till *es, vera* till *vesa*, o. s. v. [2];

af *um* (prep. och expl. part.) till *of* (så *A* 34ᵃ och öfver allt i omkvädets 3:dje rad samt *O* 43⁴);

af *hinn* (som artikel) o. s. v. till *enn* o. s. v. (så *A* 9ᵇ, 14¹; metriskt nödvändig är förändringen väl 21ᵇ);

af *gengu* till *gingu* (metriskt nödvändigt 29⁴);

af *aldri* till *aldregi* 2²;

af *spann* till *sparn* 27³.

2) sökt att genom *metrisk normalisering* [3] återställa versradernas ursprungliga stafvelsetal. För detta ändamål har jag

skrifvit *svá't* 21² f. *A*:s *svá at*, / *ótt* 1⁷ f. *A*:s *þó at*;

---

[1] Jag har härvid tagit behörig hänsyn till skrifbruket i äldre hdss., särskildt den Stockholmska Homiliebokens.

[2] Detta har skett med någon tvekan, då skäl finnas, som tala så väl för det ena som for det andra skrifsättet. Emellertid synes skrifningen med *s* kunna försvaras på följande grunder: 1) forekommer i *Oᵃ* på 2 stallen (29ᵇ och 32ᵇ, på senare stället äfven i *Oᵇʰ*) *þars*, hvilket skrifsatt väl tyder derpå, att dråpans forf. begagnat detta uttal, 2) aflägsnas genom skrifsättet *s* den oregelbundna hendingen i 33¹ och 36⁷. — Mot det senare skälet kan dock invandas, att hending i "udda" visuord forekommer på flere andra stallen i dråpan (jfr ofvan sid. 129 not. 2).

Den omständigheten, att man redan i Rognvald jarls "Háttalykill" (från omkr. 1145) finner rimmen *gera . vera* (str. 16), *vera : skera* (str. 17), *var : skar* (str. 24), kan visserligen anses tyda derpå, att detta uttal redan före Bjarni's tid varit genomfordt på Orknöarne, hindande är dock icke detta skäl, ty ganska tänkbart är ju, att Rögnvald, som intill sitt 30:de år vistades i Norge, derifrån medfort nämda uttal.

[3] Jag har härvid ofver hufvud följt de regler, SIEVERS uppstaller i sitt ofvan anforda arbete, hvartill hänvisas.

skrifvit *fyr* (prep.) öfver allt, der hdss. ha *fyrir*;
„   *hef* och *hefr* (1 & 3 sing. pr. af *hafa*) f. handskrifternas *hefi* och *hefir* (21³ måste dock läsas *hefir*); genomfört *bragarmál* äfven der sådant icke finnes betecknadt i hdss. (1⁵ måste emellertid, derest versraden i öfrigt är riktig [?], läsas *mun rk* samt 18² *þeim es* ; uteslutit prou. *þú* i 43¹. ¹

Beträffande dråpans tolkning hänvisas till Fms. XII, ShI. XI samt Egilssons ”Lexicon poëticum”. Endast rörande följande ställen anser jag mig behöfva göra ett par anmärkningar:

Str. 14.

Ordföljd: Enn hrausti Vagn kvað hitt : sá Hamdis faldruðr lézk skyldu (sc. vesa) frœkn at fylgja gunnartömðum Búa; o. s. v.

Då *at* är obetonadt, kan den i ShI. XI, 156 lemnade tolkningen svårligen vara riktig. Som stöd för ofvanstående uppfattning af stället kan anföras Lunds Oldn. Ordföjningsb. §§ 141, a) & 185, 1, a) Jfr äfven Grímnismál 17 (med den tolkning deraf, som Bugge framställer i Aarb. f. Nord. Oldk. 1869, sid. 258) samt Jvdr. 13¹⁻².

Str. 18.

Ordföljd: Þá buðu þeir, Noregs jarlar, greppum (– sina män) gørla til geirhríðar á móti þeim, es kvámu sunnan; o. s. v.

Med den ShI. XI, 158 lemnade tolkning komma orden *á móti* att stå alldeles öfverflödiga.

---

¹ Då frågan om pronomens utelemnande val annu icke ar fullt utredd, så har detta skett med någon tvekan. Mojligen hade jag afven bort stryka *hann* i 13¹ och 24²; på dessa båda stallen är emellertid ”Verschleifung” tankbar (jfr med afs. på 13¹ Sievers, Beitr. V, 461), hvarfore pronomen fått kvarstå.

Str. 20.

Med tanke på den redogörelse för slagordningen i Hjörungavåg, som lemnas i Jomsv. saga (jfr t. ex. sid. 71 här ofvan), och hvarest 3 anförare tilldelas hvar och en af de 6 afdelningar, hvari Norrmännen äro fördelade, skulle man kunna vara frestad att ur O^bhc upptaga läsarten *hverjum*. Jag har dock ej velat göra detta, då ju mojligen den källa, hvarur Bjarni hemtat sin berättelse, här afvikit från Jomsv. saga.

Str. 22.

Konstruktionen i senare halfstrofen är något ovanlig, hvarför Fms. XII ändrar *víkingum* till *víking um*; (bättre vore väl då *víkingi um* [*of*] med elision af — *i*). Jag har dock icke ansett ändring nödvändig, då det väl ej är omöjligt att fatta *einum* = "singulis". Eller bör kanske *at móti* vid öfversättningen "tänkas 2 gånger" ("ok [at móti] víkingum váru ýtar fimm at móti einum")?

Str. 32.

Ordföljd: Þá frá ek Hölgabrúði œða et illa él (— Jag sporde, att H. då uppväckte det onda ovädret), o. s. v. Så väl Egilsson (ShI. XI, 162, Lex. poët. sid. 147) som Vigfusson (Oxf. Ordb. sid. 757) fatta här *œða* som intransitivum (— "sævire", "to rage"). Men af på detta sätt från adjektiv härledda verb hafva väl de flesta (om icke alla) transitiv betydelse (— "göra till det, som stamordet utmärker"); jag har derföre (i motsats mot föregående utgifvare) bibehållit *A*:s läsarter oförändrade.

Str. 36.

Textändringarna i rr. 3 och 5 äro vidtagna derföre, att det nyisländska impf. ind. *rédi* ej kan tänkas förekomma i en så gammal text, som Jvdr. (De bevisställen för bruket af denna form som impf. ind., hvilka i lexika anföras, äro alla tagna från pappershdss. eller kunna uppfattas som konjunktiver.)

134

Register öfver personnamn.

$S_{\iota\iota}$ · · ·

Register öfver ort- och folknamn.

136

Tillägg och rättelser.

Sid. VIII²⁰ *står:* att i AM. 510 *las:* att AM. 510

Sid. XII. *Efter* r. *4 bor tilläggas:*

30²⁰ Sigurðr hvíti eða kápa] I de andra redd. benämnes personen i fråga blott Sigurðr kápa; tillnamnet hvíti förekommer endast i Fgsk. (42⁹, 45⁷ m. fl.).

Sid. XXI. *Hvad som har anmärkes betraffande* 68¹⁴⁻¹⁵ *forfaller, derest, såsom af sammanhanget gores sannolikt, texten på ifrågavarande ställe ar forderfvad. I st. f.* ek vil *bör man nemligen i* 68¹⁴ *helt visst lasa* ecki vil ek *(eller något liknande).*

Sid. XXVIII⁸ *står:* 1673 *las:* 1672.

Sid. XXXV¹⁴. *Efter* Hacon. *tillagges:* Så har jag äfven upplost det stundom förekommande H.'

Sid. XXXV²² *står:* u och v *las:* u, v och w

I aftrycket af *Jómsvíkinga saga* har jag vid förnyad jemförelse med membranen funnit följande fel och oegentligheter:

Sid. 6¹⁹ *för* eigi *las* ecki — 8⁶ *f.* mundu *l.* mundum — 8¹⁰ *f.* og sidann *l.* sidann — 12²² *f* houum *l.* hann — 13¹⁰ *f.* manna *l.* manna med — 14¹¹ *f.* Austur-lond *l.* Austur-ueg — 15⁴ *f.* sem *l.* er — 17¹⁰ *f.* fær nu *l.* fær — 17¹¹ *f.* nu og *l.* og nu — 19¹¹ *f.* han *l.* hann — 20¹¹ *f.* fara *l.* fara þa — 27¹⁶ *f.* illa *l.* illt — 36²¹ *f.* stund *l.* stunder — 39⁶ *f.* giptur se *l.* se giptur — 39¹¹ *f.* se giptur *l.* giptur se 40¹⁰ *f.* modur-fodur *l.* modur-fodur (sinum) — 40²² *f.* hafdi *l.* þa hafdi — 41²⁶ *f.* ann₂ *l.* annᵃ — 52⁵ *f.* skattgildur *l.* skattgilldur — 53² *f* þeir *l.* þær — 54⁴ *f.* uirduligazt *l.* uirduliguzt *(skrifvaren har forst skrifvit* uirduligazt, *men sedan tillagt ett mycket litet* v *ofver* a) — 54¹² *f.* ur *l.* af — 55¹² *f.* þa er þat *l.* þa er og þat — 56¹² *f.* heit-str(e)ingt *l.* hei(t)-str(e)ingt — 60³ *f.* uill *l.* uil — 61¹⁵ *f.* er *l.* sem — 68¹⁰ *f.* hefur *l.* hefer — 79¹⁶ *f.* lyktum *l.* lycktum 80²⁴ *f.* oglot *l.* oglo(g)t — 81¹¹ *f.* uedri *l.* ieli — 83¹ *f.* folgagar *l.* folgagar — 83¹¹ *f.* hræ *l.* hiæ — 89¹⁰ *f.* hyggívm *l.* hyggivm — 91¹ *f.* opt *l.* optt — 97⁴ *f.* at þu *l.* attu — 98¹⁰ *f.* sotti *l.* sotti(r) — 98¹⁰ *f.* er *l.* er og — 99¹² *f.* stor-mennzku *l.* stor-mennzsku — 101⁸ *f.* orikum, *l.* orikum. Giordizt nu ord **æ** um ouinsæld iarlsens, og uar hann litt hugadur landz-folkinu, — 101¹⁶ *f.* Amen *l.* Amenn *(pricken ofver* n *ar dock ej fullt tydlig).*

I registret ofver ortnamnen *utgår* Austrlönd *(jfr rättelsen till* 14¹¹), *hvaremot* för Austrvegr *bör läsas* Austrvegr 14, — *Efter* Hereyjar *tillagges:* Hjatland (= Hjaltland) 15.

Lightning Source UK Ltd.
Milton Keynes UK
23 June 2010
155946UK00001BA/7/P